기도의 능력

기도의 능력

초판 1쇄 인쇄 | 2015년 3월 25일
초판 1쇄 발행 | 2015년 4월 5일

지은이 | E. M. 바운즈
옮긴이 | 최석원
펴낸이 | 윤순식
펴낸곳 | 도서출판 청우
주문처 | 열린유통

등록번호 | 제 8-63호
주소 | 경기도 고양시 일산구 장항동 573-28
전화 | 031-906-0011
팩스 | 0505-365-0011
cwpub@hanmail.net

이 책은 저작권법에 의해 보호를 받는 저작물이므로 무단전재 및 복제를 금합니다.
잘못 만들어진 책은 구입하신 서점에서 바꾸어 드립니다.

ISBN 978-94846-26-2 03230

값 8,000원

E. M. 바운즈
기도의 능력

최석원 옮김

많은 사람들은 이와 같은 기도를 불가능한 것으로 생각하지만, 많은
시간을 기도에 사용하지 않으면서 어찌 기도의 사람이라고 불리기를
원할 수 있겠습니까? 기도하지 않으면서 하나님을 위한
거룩한 사역을 지속적으로 꾸준히 감당할 사람은 아무도 없습니다. _본문 중에서

Contents

역자 서문 … 6

1장 기도의 사람이 필요하다 … 9

2장 우리의 만족은 하나님으로부터 … 19

3장 문자는 죽이는 것이다 … 27

4장 피해야 할 기도의 위험들 … 35

5장 기도는 모든 것의 핵심이다 … 43

6장 성공의 지배적인 요인 … 51

7장 하나님과의 교제 시간 … 59

8장 기도로 성공한 사람들 … 67

9장 하루의 시작은 기도로부터 … 75

10장 기도와 헌신은 하나다 … 81

차/례/

11장 헌신의 사람 데이비드 브레이너드 … 89

12장 마음의 준비가 필요하다 … 99

13장 머리가 아니라 마음으로부터 오는 은혜 … 107

14장 거룩한 기름부으심이 필요하다 … 113

15장 기름부으심이 맺는 열매 … 119

16장 끊임없는 기도로 기름부으심을 받으라 … 127

17장 영적 리더십의 표시인 기도 … 135

18장 설교자를 위한 중보기도가 필요하다 … 145

19장 기도에서 큰 결과를 얻으려면 신중함이 필요하다 … 155

20장 기도하는 사람을 얻으려면 먼저 기도하라 … 165

부록: 기도의 사람들 … 173

역자 서문

하나님의 자녀에게 주어진 가장 위대한 은혜와 축복은 바로 기도다. 기도를 통해 자녀에게 주실 아버지의 모든 은혜와 축복이 임하고 또 흘러가기 때문이다. 하늘을 열고 땅을 열며 하나님의 보좌를 움직여 이 땅을 움직이는 도구는 바로 기도의 은혜이며 능력이다. 그럼에도 적지 않은 하나님의 사람들이 기도의 능력과 역사를 잘 모르고 있다. 그렇기에 많은 것을, 아니 모든 것을 잃어버리고 살아간다. 기도할 수 있다면 당신은 모든 것을 할 수 있는 자리에 있는 것이다.

E. M. 바운즈의 『기도의 능력』은 이런 기도의 은혜와 능력의 역사를 가르치고 있다. 본서는 어떤 기도에 관한 책보다 실증적이고 탁월하다. 기도에 관한 고전 중의 고전인 본서에 대해 어떤 사실을 더한다는 것이 저자에게 누가 될까 오히려 두렵기도 하다.

기도의 성자라 불리는 E. M. 바운즈는 1835년 미국 미주리에서 출생한 존경받고 영향력 있는 법률가였다. 하지만 그는 미국 남북전쟁 당시에는 종군 목사로, 1874년~1883년까지는 성 바울교회에서 사역했던 하나님의 종이었다. 매일 새벽 4시에 일어나 3시간씩 기도하고 하루를 시작했던 그의 기도생활은 그를 '기도의 성자'로 온 세상에 알려지게 했다. 책에서 기록한 대로 그는 기도의 은혜와 능력의 역사로 산 진정한 하나님의 사람이었다.

『기도의 능력』은 이런 그의 삶에서 나온 가장 아름다운 열매다. 본서는 『설교자와 기도』라는 제목으로 첫 출판되어 설교자뿐 아니라 성도들에게도 탁월한 기도의 실용지침서가 된 이래 오늘날까지 변함없이 읽히고 있는 기도에 관한 최고의 고전이다.

우리나라에서는 1954년에 처음 번역, 출판되었고 이후 '능력 있는 기도'를 배우려는 목회자와 성도들에게 꾸준히 사랑받아 지금까지도 읽히는 스테디셀러가 되어 있다.

이번에 본서를 청우출판사에서 보다 더 쉽게 번역하여 기도가 약해지고 메말라가는, 그래서 모든 것이 약해지고 힘들어져가는 한국 교회와 성도들을 위해 다시 내놓게 되어 역자로서 기쁘게 추천하는 바이다.

1장

기도의 사람이 필요하다

기도의 사람이 필요하다

삶의 모든 면에서 거룩을 배우라. 당신이 쓰임 받을 수 있는가는 전적으로 거기에 달려 있다. 당신의 설교는 한두 시간밖에 지속되지 않지만 당신의 삶은 한 주일 내내 설교를 하기 때문이다. 탐욕스러운 목회자가 사탄의 꾐에 홀딱 빠져 칭찬과 쾌락, 미식을 즐기게 되면 목회는 그것으로 끝이다. 기도에 전념하라. 그리하여 당시의 설교 본문과 생각과 말을 하나님께로부터 얻으라. 루터는 하루 중 가장 좋은 세 시간을 기도하면서 보냈다.

_로버트 머리 맥체인

Power through Prayer

chapter 1

우리는 효과적인 복음 전도, 교회 성장, 교인 수 증대를 위해 새로운 방법, 새로운 계획, 새로운 조직을 구상하는 데 끊임없이 신경을 쓰고 있다. 그러나 이런 추세는 사람의 시야를 흐리게 하고 계획과 조직 속에 사람을 빠뜨리는 경향이 있다. 하나님의 계획은 사람을 중시한다. 다른 무엇보다도 사람을 훨씬 더 중요하게 여기는 것이다. 사람이 하나님의 방법인 것이다.

교회는 더 나은 방법을 찾고 있지만 하나님은 더 나은 사람을 찾고 계신다. "하나님께로부터 보내심을 받은 사람이 있으니 그의 이름은 요한이라"(요 1:6). 그리스도의 길을 예비하는 하나님의 계획이 요한이라는 사람에게 달려 있었다.

"한 아기가 우리에게 났고, 한 아들을 우리에게 주신 바 되었는데"(사 9:6). 온 세상의 구원은 요람에 누인 그 아들로부터 왔다. 바울은 세상에 복음을 심은 사람들의 인격적 특성에 호소함으로써 그들의 성공의 비밀을 풀었다.

복음의 영광과 능력은 그것을 선포하는 사람들에게 달려 있다. 하나님께서는 "여호와의 눈은 온 땅을 두루 감찰하사 전심으로 자기에게 향하는 자들을 위하여 능력을 베푸시나니"(대하 16:9)라고 하신다. 이를 통해 하나님은 사람의 필요성과 그분의 능력을 세상에 펴시기 위한 통로로서 사람을 의지하신다는 것을 선포하시는 것이다.

이러한 중차대한 진리는 기계 문명의 시대가 잊어버리기 쉬운 것이다. 이 진리를 잊는 것은 하나님의 일을 하는 데 있어서 태양이 그 궤도를 벗어나는 것과 같이 치명적이다. 그리고 그 결과는 흑암과 혼돈과 죽음이다.

오늘날 교회에 필요한 것은 더 많은 기계나 더 좋은 기계도 아니요, 새로운 조직도 아니요, 기발한 방법도 아니다. 교회가 필요로 하는 것은 성령이 쓰실 수 있는 사람, 즉 기도의 사람, 기도에 능한 사람이다. 성령은 방법을 통해서 흘러나오지 않고 사람을 통해서 역사하신다. 성령은 기계에 임하지 않고 사람에게 임한다. 성령은 계획에 기름을 붓지 않고, 사람에게, 그것도 기도의 사람에게 기름을 부으신다.

어떤 훌륭한 역사가는, 국가의 혁신은 민주주의 정치가나 철학적 역사가에 의해서 이루어지기보다는 개인의 인격에 의해 이루어진다고 말했다. 이 진리는 그리스도의 복음에도 전적으로 적용된다. 그리스도의 인격과 행동이 세계를 기독교화하고, 개인과 국가를 변화시킨다. 복음 전도자들에게는 이것이 더욱 분명한 사실이다.

복음의 성격과 운명은 설교자에게 달려 있다. 설교자는 하나님께서 사람에게 주신 메시지를 살리기도 하고 죽이기도 한다. 설교자는 하나님의 기름이 통과하는 금으로 된 관이다. 이 관은 금으로 되어 있어야 할 뿐 아니라 막히지 않아야 하고 흠이 없어야 한다. 그래야 기름이 온전하고 아무 거침이 없으며 낭비되지 않고 흐르게 된다.

사람이 설교자가 되고, 하나님은 사람을 만드신다. 설교자는 설교 메시지보다 훌륭한 영적 능력과 인격을 갖추고 있어야 한다. 설교자의 삶이 설교가 되기 때문이다. 어머니의 가슴에서 나오는 생명을 주는 젖은 바로 어머니의 생명인 것처럼, 설교자들의 설교는 설교자 자신의 인격에 의해 형성되고 물들여진다. 보화는 질그릇 속에 담겨 있다. 그러므로 그릇의 냄새가 보화를 아름답게 할 수도 있고 추하게 할 수도 있다.

설교의 바탕에는 설교자가 있다. 설교는 한 시간 동안 하는 공연이 아니라 삶이 흘러나오는 것이다. 한 편의 설교를 만드는 데는 20년이 걸린다. 설교자를 만드는 데 20년이 걸리기 때문이다. 진정한 설교는 삶의 문제이다. 사람이 성숙하면 설교도 성숙하게 된다. 또한 사람이 능력 있으면 설교도 능력이 있다. 사람이 거룩하면 설교도 거룩하다. 사람에게 성령의 기름부으심이 충만하면 설교에도 성령의 기름부으심이 충만하다.

그래서 바울은 "나의 복음"(롬 2:16)이라는 표현을 했다. 이 말은 복음을 개인적인 것으로 전락시켰거나, 이기적으로 변질시켰기 때문이 아니다. 복음이, 불붙는 영혼과 불타는 에너지를 갖고 있는 바울이라는 사람의 특성에 의해 불붙는 듯한 능력이 주어져 인격적으로 바울의 심장과 핏속으로 스며들었다는 것이다.

바울의 설교는 어떠했는가? 또 그 설교는 어디에 있는가? 영감의 바다 위에 조각조각 떠다니는 마른 뼈들이 되었다! 그러나 자신의 설교보다도 더 위대했던 사람 바울은 교회를 빚는 그의 손과 함께 변함없이, 온전히, 영원히 살아 있다. 설교는 소리에 불과하다. 소리는 정적 속에 죽고 본문은 망각되며 설교는 기억 속에서 사라진다. 그러나 설교자는 살아 있다.

생명을 주는 능력에 있어서 설교가 사람을 능가할 수 없다. 죽은 사람은 죽은 설교를 한다. 그리고 죽은 설교는 영혼을 죽인다. 모든 것이 다 설교자의 영적 특성에 달려 있다. 율법 시대의 대제사장은 이마에 "여호와께 성결"이라고 새긴 금패를 붙였다. 마찬가지로 그리스도의 일을 하는 설교자도 모두 이와 동일하게 거룩한 표어에 의해 다듬어지고 다스림을 받아야 한다. 기독교의 사역이 그 성품과 목적의 성결함에 있어서 유대 제사장들보다 못하다는 것은 통곡을 해야 할 만큼 수치스러운 일이다. 조나단 에드워즈는 "나는 더욱 거룩하고 더욱 그리스도를 닮기 위해 열심을 다해 계속 노력했다. 내가 바랐던 천국은 바로 거룩함의 천국이다."라고 했다.

그리스도의 복음은 인기의 물결에 따라 움직이지 않는다. 그것은 스스로 번식하는 능력을 가지고 있지 않다. 복음은 그것을 맡은 사람이 움직이는 대로 움직인다. 설교자가 복음을 인격화하지 않으면 안 된다. 복음의 신적이고 가장 뚜렷한 특성들이 설교자라는 사람을 통해 구체화되어야 한다. 강권하는 사랑의 능력이 설교자 안에 있어서 투사하고, 드러내며, 모든 것을 다스리고, 자기를 잊게 하는 힘이 되어야 한다. 자기를 부인하는 힘이 그의 존재, 그의 심장, 그의 피와 뼈가 되어야 한다. 설교자는 겸손으로 옷 입고, 온유 안에 거하며, 뱀같이 지혜롭고, 비둘기같이 순결하며, 어린아이의 순수함으로, 왕의 고고함을 지닌 자원하는 종으로 사람들 가운데 나아가야 한다.

설교자는 철저히 자기를 비우는 믿음과 자기를 불태우는 열심으로 사람을 구원하는 일에 자신을 던져야 한다. 이 세대를 붙들어 하나님을 위한 세대로 만드는 사람은 진실하고 영웅적이며 가슴이 뜨겁고 두려움을 모르는 순교자여야 한다. 그들이 비겁하게 시간이나 때우고 높은 자리나 찾고 있거나 사람을 즐겁게 하거나 두려워한다면, 하나님과 그분의 말씀을 굳게 붙들지 못하고 자신이나 세상의 말에 의해 무너진다면, 그들은 하나님을 위해 교회도 세상도 붙들 수 없다.

설교자는 자기 자신을 향하여 가장 날카롭고 가장 강한 설교를 해야 한다. 그는 자기 자신을 향해 가장 어렵고 까다롭고 힘들고 철저한 일을 해야 한다. 열두 제자를 훈련시킨 일은 위대하며, 어렵고 영속적인 그리스도의 일이었다. 설교자는 설교를 만드는 사람이 아니라 사람을 만들고 성도를 만드는 사람이다. 그러므로 스스로를 사람과 성도로 만든 사람만이 이 일을 위해 제대로 훈련된 사람이다.

하나님께서 요구하는 것은 위대한 재능이나 위대한 학문이나 위대한 설교자가 아니다. 거룩함이 위대한 사람, 믿음이 위대한 사람, 사랑이 위대한 사람, 충성이 위대한 사람, 하나님을 위해 위대한 사람-강단에서는 항상 거룩한 설교를, 강단 밖에서는 거룩한 생활로 설교하는 사람이다. 그래야만 하나님을 위해 한 세대를 빚을 수 있다.

초대 그리스도인들은 그렇게 살고 있었다. 그들은 천국의 모형을 닮은 견고한 형상의 설교자, 즉 영웅적이고 꿋꿋하고 군사 같으며 성자 같은 설교자들이었다. 그들에게 있어서 설교는 자기를 부인하는 것이요, 자기를 십자가에 못 박는 것이요, 심각하고 어려운 순교하는 일이었다. 그들은 자기 세대를 향해 한 말을 자신에게 적용했고, 그리하여 하나님을 향해 아직 태어나지 않은 세대를 태 안에 품었다.

설교자는 기도하는 사람이어야 한다. 기도는 설교자의

가장 강한 무기이다. 기도는 전능한 힘이 있기에 모든 사람에게 생명과 능력을 준다. 하나님의 사람은 골방에서 만들어진다. 그러므로 참된 설교는 골방에서 만들어진다. 그의 삶과 가장 깊은 믿음은 하나님과의 은밀한 교제에서 태어난다. 그의 영혼이 눈물을 흘리며 힘겹게 고뇌하는 것, 그의 가장 무게 있고 가장 감미로운 설교는 홀로 하나님과 있을 때 얻어진다. 기도는 사람을 만들고 설교자를 만들고 목사를 만든다.

오늘날의 강단은 기도하는 데 약하다. 학식에 대한 자랑은 겸손히 의뢰하는 기도를 방해한다. 강단에서의 기도는 단지 예배 형식을 갖추기 위해 하는 경우가 너무 많다. 현대 강단에서의 기도는 바울의 삶과 사역에 있었던 것 같은 강력한 힘이 되지 못하고 있다. 자신의 삶과 사역에서 기도가 큰 능력이 되지 못하는 설교자는 하나님의 사역에 무능한 자며, 이 세상에서 하나님의 대의를 진보시키는 일에 무능력한 자이다.

2장

우리의 만족은 하나님으로부터

power through prayer

우리의 만족은 하나님으로부터

조지 폭스는 다른 무엇보다도 기도에 탁월했다. 그의 영혼의 내향성과 중후함, 언어와 행동의 경건함과 엄숙함, 과묵함과 근엄함이 다른 사람들에게로 다가가 위로를 줄 때는 종종 낯선 사람들까지도 감탄했다. 내가 보고 느낀 것 가운데서 가장 놀랍고 존경스러운 것이 그의 기도였다고 말할 수밖에 없다. 진정으로 그것은 증언이었다. 그는 다른 사람들보다 주를 더 잘 알고 또 더 가까이하는 삶을 살았다. 주를 가장 잘 아는 이들은 존경과 두려움으로 주께 나아가야 할 이유를 가장 잘 알기 때문이다.
_윌리엄 펜

Power through Prayer

chapter 2

아무리 달콤한 은혜라도 가장 사소한 타락에 의해 가장 쓴 열매를 맺을 수 있다. 태양은 생명을 주지만 일사병으로 죽음을 가져올 수도 있다. 설교는 생명을 주기 위한 것이지만 생명을 빼앗을 수도 있다. 설교자가 열쇠를 가지고 있다. 그가 열기도 하고 잠그기도 한다. 설교는 영적 생명을 심고 기르기 위해 하나님께서 마련하신 위대한 방법이다. 그것을 적절히 사용할 때의 유익은 말할 수 없이 크지만, 잘못 쓰면 어떤 마귀도 이룰 수 없을 정도로 크나큰 손실을 초래한다.

목자가 부주의하거나 목장이 파괴되면 양 무리는 흩어진다. 파수꾼이 잠들거나 식수와 음식에 독이 들어가면 그 성은 점령되고 만다. 이렇듯 은혜로운 특권이 많은 만큼 악에도 많이 노출되어 있어서 크나큰 책임이 따르는데도 설교와 설교자를 더럽힘으로써 설교자의 주된 영향력을 발휘하지 못한다면, 그것은 설교자의 인격과 명예에 대한 훼손이며 마귀의 영특함을 비굴하게 모방하는 것밖에 될 수 없다. 이런 사실들을 볼 때 바울의 감탄 섞인 질문, "누가 이 일을 감당하리요"(고후 2:16)는 지극히 당연한 것이다.

바울은 "우리가 무슨 일이든지 우리에게서 난 것 같이 스스로 만족할 것이 아니니 우리의 만족은 오직 하나님으로부터 나느니라 그가 또한 우리를 새 언약의 일꾼 되기에 만족하게 하셨으니 율법 조문으로 하지 아니하고 오직 영으로 함이니 율법 조문은 죽이는 것이요 영은 살리는 것이니라"(고후 3:5-6)고 하였다. 진정한 사역은 하나님이 다루시고 하나님이 능력을 주시며 하나님이 만드시는 것이다.

하나님의 영은 기름을 붓는 능력으로 설교자 위에 머문다. 성령의 열매가 그의 마음속에 있고, 성령이 사람과 말에 생명을 준다. 그래서 그의 설교는 생명을 준다. 대자연의 봄이 생명을 주듯이 생명을 준다. 부활이 생명을 주는 것같이 생명을 준다. 여름이 뜨거운 생명을 주듯이 뜨거운 생명을 준다. 가을이 풍성한 열매를 주듯이 풍성한 생명을 준다.

생명을 주는 설교자는 하나님의 사람이다. 그의 영혼은 늘 하나님을 열심히 찾는다. 그의 눈은 오로지 하나님만 바라본다. 그는 하나님의 성령의 능력으로 육신과 세상을 십자가에 못 박았기에 그의 사역은 마치 생명수의 강이 넘쳐흐르는 것과 같다.

영적이지 못한 설교는 죽이는 설교다. 그 설교의 능력은 하나님으로부터 온 것이 아니다. 설교에 힘과 자극을 준 것들의 근원이 하나님보다 못한 것들에 있는 것이다. 설교자에게도, 설교 속에도 성령이 드러나지 않는다. 죽이는 설교를 통해서도 많은 종류의 힘이 나타나는 듯도 하고 마음에 자극이 되기도 하지만 그것들은 영적인 힘이 아니다. 영적인 힘처럼 보이는 것일 뿐, 실제로는 그림자나 위장에 지나지 않는다. 생명이 있는 것 같으나 실은 최면에 지나지 않는다.

죽이는 설교는 율법 조문의 설교다. 그것이 아무리 논리 정연하고 날카롭다 할지라도, 여전히 조문이요, 메마르고 거친 문자요, 무미건조한 껍데기에 지나지 않는다. 율법 조문은 그 속에 생명의 싹이 있을지는 몰라도 그것을 싹트게 하는 봄의 호흡은 없어서 겨울 씨앗과 같고 딱딱하게 얼어붙은 겨울 땅과 같으며 차가운 겨울바람과 같아서 스스로 녹지도 않을 뿐더러 싹을 내지도 못한다. 이런 설교도 진리를 갖고 있다. 그러나 신성한 진리 자체가 생명을 주는 힘을 갖고 있는 것은 아니다. 하나님의 능력으로 성령에 의해 능력이 부여되어야만 한다. 하나님의 성령에 의해 살아나지 못한 진리는 오류, 아니 그 이상의 것이다. 그것 자체는 아주 순수한 진리일 수도 있다. 그러나 성령이 없으면 진리의 그림자와의 접촉은 죽은 것으로, 그것은 이미 진리가 아니며 그 빛은 어둠에 불과하다.

조문의 설교는 성령의 역사도 기름부으심도 없다. 눈물이 있을지 모르지만 그것은 눈 덮인 빙산에 스쳐가는 여름 바람일 뿐이요, 표면에다 회칠하는 것에 불과하다. 감동과 진지함이 있을 수도 있으나 그것은 배우의 감동이요, 변호사의 진지함에 지나지 않는다.

설교자는 자기 자신의 불꽃으로 인해 감동할 수도 있고, 자기 자신의 주석에 대해 웅변을 토할 수도 있고 자신의 두뇌로 만들어낸 것을 전달하는 데 진지할 수도 있다. 교수가 설교자의 자리를 차지하여 사도의 불을 흉내 낼 수도 있다. 뇌와 신경을 가지고 성령의 역사를 꾸밀 수도 있다. 이런 힘을 이용해 조문은 조명된 말씀처럼 빛을 내고 광채를 발할 수 있다. 그러나 그런 빛과 광채는 진주를 밭에 뿌린 것과 같이 생명이 없다. 사망을 해결하는 것은 말도, 설교도, 방법도, 행동도 아니다. 이보다 훨씬 더 깊은 곳에 있다.

큰 방해물은 설교자 자신 안에 있다. 거기에는 생명을 창조하는 강력한 능력이 없다. 정통 교리, 정직함, 순결과 진지함에는 손색이 없다 할지라도 그의 내적 사람, 즉 밀실은 하나님을 향해 완전히 굴복하고 산산이 깨어져 본 경험이 없을 수도 있다. 그의 내적 삶은 하나님의 메시지와 하나님의 능력을 전달하는 대로가 되지 못하는 것이다. 웬일인지 하나님이 아니라 자아가 지성소에서 왕노릇하고 있는 것이다.

자신도 전혀 의식하지 못하게, 어떤 곳에서 영적 부도체가 그의 속사람으로 들어와 있어서 신령한 전류가 흐르지 못하고 있다. 그의 속사람은 자신이 영적으로 파산하였다는 것을, 자신이 정말 무능력하다는 것을 느끼지도 못한다.

하나님의 능력과 불이 들어와서 채우고 정결하게 하고

능력을 주기 전까지는 그의 속사람은 자신에 대한 절망과 스스로 어찌할 수 없음을 인하여 울부짖지도 못한다. 어떤 파괴적인 형태의 자부심과 자신감이 하나님을 위해 거룩하게 유지되어야 할 성전을 침범하고 더럽혀 놓았기 때문이다.

생명을 주는 설교는 설교자에게 자아에 대한 죽음, 세상에 대하여 십자가를 지는 일, 영혼의 진통 등 많은 것을 요구한다. 십자가에 못 박힌 설교만이 생명을 줄 수 있다. 십자가에 못 박힌 설교는 십자가에 못 박힌 사람에게서만 나올 수 있다.

3장

문자는
죽이는 것이다

문자는 죽이는 것이다

병중에서 나는 이전에 내가 건강을 누릴 때보다도 더 깊이 영원과 관련해서 내 삶을 살펴보게 되었다. 사람으로서, 사역자로서, 교회의 책임자로서 나의 책무를 얼마만큼 충실히 했는가에 관해 스스로 평가해 볼 때, 나와 같은 피조물에 대해서는 양심상 큰 부끄러움이 없었으나 나의 구속자요 구주에 대해서는 그렇지 못했다. 나의 감사드리는 생활과 사랑의 순종은 내가 어려서부터 늙기까지 인생을 살아오는 동안 내내 나를 붙드시고 지키시고 구속하신 은혜에 비하면 거의 아무것도 아니었다. 나를 먼저 사랑하였고 나를 위해 많은 은혜를 주신 내 주께 대한 나의 차가움은 나를 무겁게 짓누르며 당황하게 했다. 나의 무가치한 인격을 개선하는 일에 관해서 나는 나의 의무와 특권에 맞춰 주어진 은혜를 잘 활용하는 일을 게을리 했을 뿐 아니라 그것을 활용하지 못함으로써 염려와 수고 가운데서 첫사랑과 열심이 식어버렸다. 나는 당황했고 그리하여 겸손하게 되어 자비를 간구했다. 그리고 자신을 남김없이 주님께 바치고 헌신하겠다는 서약을 다시 하게 되었다.

_맥켄드리 감독

Power through Prayer

chapter 3

영혼을 죽이는 설교도 교리적으로 완전하고, 전혀 흠 잡을 데 없이 정통적일 수 있고 또 종종 그렇다. 우리는 대부분 정통을 사랑한다. 그것은 좋다. 정통이 최고다. 정통은 하나님 말씀에 대한 분명하고 정연한 가르침이요, 진리로 거짓과 싸워 이김으로 차지한 상패요, 정적을 무너뜨리는 물결과 불합리한 미신과 불신을 막기 위해 믿음이 쌓은 둑이다.

그러나 수정같이 단단하고 투명하며, 모든 것을 점검하고 타협 없이 싸우는 정통이라 할지라도 단지 문자에 불과할 수 있다. 훌륭하게 구성되고, 훌륭하게 이름 지어지고, 훌륭하게 교육된 그 문자가 죽이는 일을 할 수 있는 것이다. 죽은 정통처럼 철저하게 죽어 있고, 생각하고 공부하고 기도할 수 없을 정도로 철저하게 죽을 수 있는 것은 없다.

영혼을 죽이는 설교도 통찰력을 가질 수 있고 원리를 지닐 수 있다. 학술적일 수도 있고 비평적일 수도 있다. 또한 글의 문법과 변형을 상세히 파헤칠 수도 있다. 또 글을 정리하여 완벽하게 만들 수도 있고, 플라톤이나 키케로처럼 조명할 수도 있고, 변호사가 맡은 사건을 설명하거나 변호하기 위해 법률 서적을 뒤지듯이 탐구할 수도 있다. 그래도 결국은 서리, 죽이는 서리같이 되고 만다.

문자 설교도 웅변적일 수 있다. 시와 수사를 가미하고 기도로 물을 뿌리고 감정으로 향을 내고 천재적 착상으로 조명할 수 있다. 그러나 이런 것들은 값비싼 장식품이요, 시체를 담은 관 위에 놓인 작고 아름다운 꽃에 지나지 않는다.

영혼을 죽이는 설교는 학문이 없을 수도 있다. 그리고 어떤 새로운 감정이나 사상이 표현되지도 않고, 특징 없이 일반적인 것이며, 단정하지 못하고 불규칙한 모양으로 기도의 골방과 탐구의 맛도 없으며, 은혜로운 생각도 표현도 기도도 없을 수 있다. 그러한 설교가 초래하는 영적 파괴는 얼마나 크고 철저한가! 그로 인한 영적 죽음이 얼마나 심각한가!

이런 문자 설교는 실체가 아니라 표면과 그림자만 다룬다. 그것은 내적으로 뚫고 들어가지 못한다. 또한 하나님의 말씀에 감추어진 생명을 깊이 통찰하지도 못하고 강력하게 붙들지도 못한다. 문자 설교는 겉으로는 진실하다. 그러나 겉은 핵심으로 파고 들어가기 위해서 반드시 깨져야 할 껍데기에 불과하다. 문자는 아름답고 매력 있게 장식될 수 있다. 그러나 그 매력은 하나님을 향한 것이 아니요, 아름다움은 천국을 위한 것이 아니다.

실패의 원인은 설교자에게 있다. 하나님이 그 설교자를 만들지 않았다. 그 설교자는 마치 진흙이 토기장이의 손에 있듯이 하나님의 손 안에 있어 본 일이 없다. 그는 설교를 위해, 설교의 사상과 결론, 도입과 흡인력 등에 대해 분주하게 준비했다. 그러나 하나님의 깊은 것은 탐구하지도, 상고하지도, 헤아려 보지도, 체험하지도 않았다.

그는 한 번도 "높이 들린 보좌"(사 6:1) 앞에 서 본 적이 없다. 또한 천사의 노래를 들어 본 적도 없고, 환상도 보지 못했고, 경이로운 거룩함의 휘몰아침도 느끼지 못했으며, 죄책감과 연약함에서 오는 절망 때문에 울부짖어 본 적도 없고, 하나님의 제단에서 꺼내온 숯불로 삶을 정결하게 하고 가슴을 순결하게 한 일도 없다.

그의 사역이 사람들을 그 자신에게로, 교회로, 형식이나 의식으로 이끌 수는 있다. 그러나 진정 하나님께로는 이끌지 못하며, 기쁨이 넘치고 거룩하고 성스러운 교제는 마련하지 못한다. 그런 교회는 겉은 아름답게 하나 덕을 세우지는 못하고, 사람을 즐겁게 하나 거룩하게 하지는 못한다. 생명이 억압을 당한다. 여름 하늘에 냉기가 돈다. 땅은 불탄 재이다. 우리 하나님의 도성이 죽음의 도성이 된다. 교회는 강력한 진을 구축한 군대가 아니라 공동묘지가 된다. 기도와 찬양은 질식하고 예배는 죽어 있다. 설교자와 설교는 거룩이 아니라 죄를 도우며, 사람들을 천국이 아니라 지옥으로 인도한다.

죽이는 설교는 기도가 없는 설교다. 기도하지 않는 설교자는 생명이 아니라 사망을 만들어 낸다. 기도가 약한 설교자는 생명을 주는 힘도 약하다. 자신의 인격에서 기도가 현저하고 주된 요소가 되지 못하는 설교자는 자신의 설교에서 생명을 주는 힘을 상실한 설교자다. 직업적인 기도도 있을 수 있다. 그러나 이런 기도는 설교가 영혼을 죽이도록 도와줄 뿐이다. 직업적인 기도는 설교와 기도를 차갑게 만들고 죽인다.

교인들이 기도에 게으르고 냉담하며 헌신이 부족한 것은 대부분 강단에서 이루어지는 직업적인 기도 때문이다. 강단 기도의 대부분은 길고, 산만하고, 메마르고, 공허하다. 기름부으심과 가슴이 없는 강단 기도는 예배의 은혜를 모두 죽이는 찬 서리처럼 된다. 그런 기도는 결국 죽음을 가져오고 만다. 그런 기도 아래에서는 경건의 흔적도 모두 사라진다.

죽은 기도일수록 길다. 짧은 기도, 살아 있는 기도, 진심이 담긴 기도, 성령으로 하는 기도-직설적이고 구체적이며 뜨겁고 단순하며 기름부으심이 있는 기도-가 필요하다. 하나님께서는 기도를 중요하게 여기신다. 그러므로 진정한 경건과 진정한 예배와 진정한 설교를 위해서는 설교자에게 기도하는 법을 가르치는 학교가 신학교보다 더 유익하다.

멈추라! 중단하라! 생각해보라!
우리는 어디에 있는가?
우리는 무엇을 하고 있는가?
죽이는 설교를 하고 있는가?

죽이는 기도를 하고 있는가? 하나님께 기도하는가?

위대하신 하나님, 세상을 창조하신 분, 모든 사람을 심판하시는 하나님 앞에서 우리는 경건한가?

얼마나 솔직한가? 얼마나 진지한가?

얼마나 진실한가? 얼마나 성실한가?

가장 고귀하고 가장 고상한 노력, 가장 진실한 것을 위해서 하나님께 기도하라!

이제 죽이는 설교와 죽이는 기도를 영원히 버리고 진실한 일을 해야 하지 않을까? 생명을 창조하는 설교는 하늘과 땅을 움직일 강력한 능력을 가져다주고, 궁핍하고 보잘 것 없는 사람들에게 무궁한 보고를 열어 줄 것이다.

피해야 할 기도의 위험들

피해야 할 기도의 위험들

때때로 우리는 브레이너드가 아메리카 숲속에서, 죽어 가는 이방인들을 위해서 자기의 영혼을 하나님 앞에 쏟아내는 것을 보아야 한다. 그들이 구원받는 것 외에는 아무것도 그를 기쁘게 하지 못했다. 모든 개인의 경건의 뿌리에는 기도-은밀하고 뜨겁고 믿음이 실린 기도-가 있다. 선교사가 사는 지역의 언어에 대한 능란한 지식, 온유하고 매력 있는 성품, 깊은 신앙 가운데 하나님께 드려진 마음-이런 것들이 다른 모든 지식이나 은사들보다도 더 우리로 하여금 인류의 구속이라는 위대한 일을 하는 데 있어서 하나님의 도구가 되기에 적합하게 한다.

_윌리엄 캐리의 형제들, 세람포르

Power through Prayer

chapter 4

사역에는 두 개의 극단적 경향이 있다. 하나는 사람들과의 접촉을 단절하는 것이다. 수도사나 고대의 은둔자가 그랬다. 그들은 하나님과 함께 있는 시간을 더 많이 갖기 위해 사람들로부터 고립되어 지냈다. 물론 그들은 실패했다. 우리와 하나님과의 교제는 그로 인한 무한한 유익을 사람들에게 나눌 때에 비로소 유용하게 된다.

기독교 지도자들이 연구에 파묻히고 학도가 되고, 책벌레가 되고, 성경 연구가가 되고, 설교 제조가가 되고, 문헌과 사상과 설교에 유명한 사람이 되는 일이 종종 있다. 그러나 하나님과 사람은 어디에 있는가? 하나님과 사람은 그들의 머리에도, 마음에도 없다. 위대한 사상가요, 위대한 학자인 설교자는 무엇보다도 가장 위대한 기도자가 되어야 한다. 그렇지 않으면 하나님의 평가기준으로 볼 때 그들은 최고의 배도자, 마음이 없는 직업인, 합리주의자가 되고, 설교자 중 가장 작은 설교자보다 못한 자가 된다.

다른 하나의 경향은 사역을 철저하게 대중적으로 하는 것이다. 그렇게 되면 사역은 더 이상 하나님의 것이 아니요, 사람이나 일을 위한 사역이 되고 만다. 그렇게 되면 사역이 사람을 위한 것이므로 설교자는 기도하지 않는다. 사람들을 감동시키고 종교에 유리한 흥미와 감성을 일으키고, 교회 일에 관심을 가지게 할 수 있다면, 그런 것들로 만족한다.

설교자와 하나님과의 개인적 관계는 사역에서 중요한 요소가 되지 못한다. 기도는 그의 계획 가운데서 거의 혹은 전혀 자리를 차지하지 못한다. 이러한 사역으로 인해 생기는 재앙과 파탄은 이 세상의 계산법으로 측정할 수가 없다. 설교자가 자신과 신자들을 위해 기도로 하나님께 아뢰는 것, 그것이 바로 교인들에게 선을 끼칠 수 있는 능력이며, 또한 이 세상과 영원한 세상에서 그의 진정한 열매와 하나님께 대한 진정한 충성이 된다.

설교자가 충분히 기도하지 않으면 고귀하고 신성한 소

명을 도저히 깨닫지 못한다. 설교자가 의무감을 가지고 사역과 일에 충성을 다함으로써 적응하고 자격을 갖출 수 있다고 생각한다면 그것은 엄청난 실수이다. 심지어는 취미로, 일로, 또는 재주로 끊임없이 머리를 짜내서 설교문을 작성하는 것도 역시 기도에 나태하게 하여 마음을 하나님으로부터 멀어지게 하고 완악하게 하고 소원하게 만든다. 과학자는 자연 속에서 하나님을 잃어버릴 수 있다. 마찬가지로 설교자도 설교 가운데 하나님을 잃어버릴 수 있다.

기도는 설교자의 마음을 새롭게 하며, 마음이 하나님과 일치되고 사람들을 동정하게 하며, 사역이 냉랭한 전문직이 되지 않게 하고, 일상적인 일에도 열매가 있게 하며, 하나님의 기름부으심의 능력으로 모든 부분이 활력을 갖게 한다.

찰스 스펄전은 이렇게 말한다.

"물론 설교자는 모든 다른 사람들보다 더 뛰어난 기도의 사람이어야 한다. 그가 일반 신자만큼 기도하는 정도라면 위선자일 것이며, 일반 신자보다 더 기도하지 않는다면 자신이 맡은 직분을 감당할 자격이 없는 자이다. 당신이 사역자로서 많이 기도하지 않는다면, 당신은 불쌍한 사람이다. 당신이 하나님을 만나는 일에 게으르다면, 당신뿐만 아니라 당신의 교인들까지도 불쌍한 사람들이다. 결국 당신이 수치를 당하며 당황하는 날이 오고야 말 것이다. 골방에 비하면 모든 신앙 서적과 연구는 빈 껍데기에 지나지 않는다. 성전에서 기도하고 금식하는 시간은 실로 고귀한 것이다. 그때처럼 천국 문이 활짝 열리는 일이 없으며, 우리 마음이 하나님의 영광에 가까이 가는 일이 없기 때문이다."

영적인 사역이 되게 하는 기도는 좋은 냄새가 나게 하려고 향수를 뿌리는 식의 작은 기도가 아니요, 피와 뼈와 살과 온몸에서 나오는 기도다. 기도는 구석으로 밀어 던질 보잘것없는 의무도, 살아가면서 틈틈이 생기는 자투리 시간에 간단히 해치우는 것도 아니다. 기도는 가장 좋은 시간에 우리의 황금시간에 우리의 힘을 다 들여야 하는 것이다.

즉, 골방은 연구에 빼앗겨서도 안 되고 마땅히 해야 할 사역 활동에 희생되어서도 안 된다. 골방이 첫째요, 연구와 활동은 둘째다. 연구와 활동은 골방으로 인해서 생기를 얻고 열매를 맺게 되는 것이다.

목회에 영향을 주는 기도는 그 사람의 삶의 특성을 결정짓는 것이어야 한다. 인격의 특색과 성향을 결정하는 기도는 대충 적당히 시간을 때우는 기도가 아니다. 그것은 예수님이 "심한 통곡과 눈물로"(히 5:7) 기도하신 것처럼 심령과 삶 깊숙한 곳으로 들어가는 기도다.

또한 바울이 큰 근심으로 기도한 것처럼 영혼으로 크게 근심하게 하는 기도다. 그리고 야고보의 "역사하는 힘이 큰"(약 5:16) 기도처럼 마음속에 불을 지피고 힘을 주는 기도이며, 금향로에 넣어서 하나님 앞에 향을 피울 때에 강력한 영적 해산의 고통과 변혁을 초래하게 하는 기도다.

기도는 우리가 어머니 치마폭을 잡고 따라다니며 익히게 되는 습관도 아니고 식사 시간에 잠시 나누는 덕담도 아니다. 기도는 가장 중요한 시간에 하는 가장 진지한 일이다. 기도는 우리가 갖는 가장 긴 만찬이나 가장 푸짐한 잔치보다 더 많은 시간과 더 많은 식욕을 가지게 하는 것이다. 설교를 많이 하는 사람일수록 기도를 많이 해야 한다. 우리가 하는 기도의 성격이 설교의 성격을 결정한다. 가벼운 기도는 가벼운 설교를 낳는다. 기도는 설교를 강하게 하고 기름을 부으며, 방망이가 되게 한다. 훌륭한 사역에는 반드시 기도가 중요한 일을 한다.

설교자는 무엇보다도 먼저 뛰어난 기도의 사람이 되어야 한다. 기도의 학교에서는 오로지 마음으로만 설교를 배울 수 있다. 많은 교육이 기도의 실패를 보충할 수 없다. 진지함과 부지런함과 연구와 은사가 기도의 부족을 보완해 줄 수는 없다.

하나님을 위해 사람들에게 말하는 것은 위대한 일이다. 그러나 사람들을 위해 하나님께 고하는 일은 훨씬 더 위대하다. 사람들을 위해 하나님께 고하는 방법을 잘 배우지 못한 사람이 하나님을 위해 사람들에게 이야기하는 게 성공한다는 것은 결코 있을 수 없는 일이다. 강단 위에서든 아래에서든 기도 없는 말은 한낱 죽이는 말밖에 될 수 없다.

5장

기도는 모든 것의 핵심이다

기도는 모든 것의 핵심이다

당신은 기도의 가치를 알고 있지 않는가. 기도는 그 무엇보다 귀중하다. 결코, 결코 기도를 소홀히 하지 말라.
_토머스 벅스톤

사역자에게 필요한 것은 첫째도 기도요, 둘째도 기도요, 셋째도 기도다. 그렇다면 내 사랑하는 형제여! 기도하라, 기도하라, 기도하라.
_에드워드 페이슨

Power through Prayer

chapter 5

설교자의 삶에서, 설교자의 연구에서, 설교자의 강단에서 기도는 뚜렷하고 어느 곳에나 스며 있는 힘이 되어야 하며, 또한 모든 것을 특징짓는 것이어야 한다. 기도가 2차적인 부분이 된다든가, 단순히 장식하는 것이 되어서는 안 된다. 설교자에게 기도가 주어진 것은 "밤이 새도록 기도하면서"(눅 6:12) 주님과 함께 있게 하기 위해서이다. 설교자는 자기를 부인하는 기도로 자신을 훈련시키기 위하여 "밝기 전에 일어나 나가 한적한 곳으로 가사 거기서 기도하신"(막 1:35) 주님을 바라보아야 한다.

설교자의 서재는 골방과 벧엘, 제단, 환상, 사다리가 되어야 한다. 그리하여 하나님이 서재 가운데 계심을 인하여, 모든 생각이 사람 쪽으로 가기 전에 먼저 천국을 향해 올라가야 하며, 설교의 곳곳에 하늘의 냄새가 스며 있어야 하며 진지함이 있어야 한다.

불이 붙지 않으며 엔진이 움직이지 못하는 것같이 설교도 영적 결과에 관한 한, 기도로 불이 붙고 증기를 내뿜기 전까지는 제아무리 멋지고 완벽하고 매끈해 보인다고 할지라도 죽어 있는 것에 지나지 않는다. 강력한 기도의 힘이 설교 전체를 통해 뒷받침되지 않으면 설교의 구조와 섬세함과 능력은 아무 소용이 없는 쓰레기가 되고 만다. 설교자는 기도로 하나님이 설교 속에 계시게 해야 한다. 설교자는 자신의 말로 사람들을 하나님께 인도하기 전에, 먼저 기도로 하나님께서 사람들을 움직이시게 해야 한다. 설교자는 청중 앞에 나아가기 전에 먼저 하나님 앞에 나아가 들어야 한다. 설교자가 하나님께로 나아가는 길이 열려 있으면, 사람들에게 나아가는 길은 보장되어 있다. 그저 몸에 밴 습관이나 일상적으로, 또는 직업적으로 하는 기도는 죽은 것이요, 썩은 것이라는 사실은 되풀이하고 또 되풀이할 필요가 있다. 그런 기도는 우리가 간구하는 기도와는 아무 관계가 없다.

우리는 진정한 기도를 강조한다. 그것은 설교자의 모든

고귀한 자질에 불을 붙여준다. 진정한 기도는 그리스도와 하나 되고 성령의 충만함에서 나오는 기도이며, 깊고 풍성한 그분의 자비로운 긍휼의 샘물로부터 솟아나며, 인간의 영원한 복을 갈망하는 쉼 없는 열정으로부터 흘러나오는 기도다. 그것은 하나님의 영광을 원하는 불타는 열심에서 나오며, 설교자의 일이 어렵고 까다로운 것이어서 하나님의 강력한 도우심이 필수적이라는 철저한 확신에서 나온다.

이러한 엄숙하고 심원한 확신들에 근거하고 있는 기도만이 진정한 기도라고 할 수 있다. 그러한 기도의 뒷받침을 받는 설교라야 인간의 마음속에 영원한 생명의 씨를 뿌리며 사람들로 하여금 천국을 향해 자라갈 수 있게 한다. 조금만 기도하거나 전혀 기도하지 않아도 인기 있는 설교, 즐거운 설교, 마음을 사로잡는 설교, 훌륭한 모양과 형식을 갖춘 지적인 설교를 할 수 있다. 그러나 하나님의 목적을 이루는 설교가 되려면 본문에서 내용에 이르기까지 기도에서 태어난 것이어야 하며, 기도의 영과 힘으로 전달되어야 하며, 설교를 듣고 난 후에도 설교자의 기도에 의해서 들은 이의 마음에 살아 있는 힘으로 남아서 계속적으로 빛을 발해야 한다.

우리는 설교가 영적으로 빈곤한 것에 대해 여러 가지로 변명할 수 있다. 그러나 진정한 이유는 하나님께서 성령의 능력 가운데 임재하시기를 간구하는 기도가 부족한 데 있다. 설교의 원리에 따라 훌륭한 설교를 할 수 있는 사람은 수없이 많다. 그러나 그런 설교의 효과는 하나님과 사탄, 천국과 지옥 사이의 치열한 전투가 벌어지고 있는 영적 영역에는 미치지 못한다. 기도에 의해 능력으로 힘을 입고 영으로 승리하지 못하기 때문이다.

하나님께 강력한 결과를 가져오는 설교자는 사람을 설득하기 전에 하나님께 간구하는 데에 승리하는 사람이다. 골방에서 하나님과 함께하는 데에 강한 설교자는 강단에서 사람을 대하는 데에도 강하다.

설교자도 인간이기에 종종 인간적인 감정이나 문제들에 부딪히고 휩쓸리기도 한다. 기도는 영적인 일이다. 인간의 속성은 힘든 영적 일을 싫어한다. 인간의 속성은 순풍에 잔잔한 바다 위로 항해하여 천국에 가기를 원한다. 기도는 자기를 낮추는 일이다. 그것은 인간의 지성과 자존심을 부끄럽게 하고, 헛된 영광을 십자가에 못 박고, 영적 타락을 경고해 준다. 이런 모든 것은 우리의 혈과 육이 견디기 어려운 것들이다. 이러한 것들을 견디기보다는 기도하기를 포기하기가 더 쉽다. 이럴 때 아니 어쩌면 항상, 한 가지 악을 만나게 되는데 그것은 바로 기도를 '거의 하지 않는 것' 또는 '전혀 하지 않는 것'이다. 이 두 개의 악 중에서 '거의 기도하지 않는 것'이 '전혀 기도하지 않는 것'보다 더 악하다고 본다. 왜냐하면 거의 기도하지 않는 것은 일종의 위선이요, 양심의 노예요, 광대의 극치요, 또한 미치광이의 짓이기 때문이다.

우리가 기도를 소홀히 여기는 것은 기도에 별 시간을 들이지 않는 것만 보아도 분명히 알 수 있다. 보통의 설교자들이 기도에 바치는 시간은 매일 기도하는 양으로 계산되는 경우가 거의 없다. 설교자들이 기도하는 것은 잠자리에 들기 전에 잠옷 바람으로, 또는 아침에 일어나서 옷을 입기 전에 서둘러 잠깐 기도하는 것으로 끝나는 경우가 흔하다. 믿음의 선진들이 기도를 위해 많은 시간과 힘을 들였던 것과 비교한다면 얼마나 헛되고 보잘것없는가! 진정한 하나님의 사람들이 보여주었던 기도의 습관에 견주어 볼 때 우리의 기도는 얼마나 초라하고 유치한가!

하나님은, 기도를 자신의 주된 일로 생각하고 기도를 중요하게 여기는 만큼 기도에 시간을 바치는 사람들에게 천국의 열쇠를 맡기신다. 그리고 그들을 통해서 이 세상에서 그분의 영적인 이적을 행하신다. 위대한 기도는 위대한 하나님의 지도자라는 표이며 인증이다. 동시에 그들의 수고에 대해 하나님께서 씌워 주실 승리의 면류관에 대한 보증이다. 설교자는 설교할 사명과 똑같이 기도할 사명을 부여받았다. 만약 이 두 가지 사명을 모두 충실히 하지 못한다면 사명을 온전히 감당한 것이 아니다. 혹 설교자가 천사의 소리와 사람의 웅변을 다하여 말할지라도, 하늘의 모든 도움을 이끌어내는 믿음의 기도를 할 수 없다면, 그의 설교는 "소리 나는 구리와 울리는 꽹과리"(고전 13:1)가 되어 영원토록 하나님을 영화롭게 하거나 영혼을 구원하는 데는 아무짝에도 쓸모없을 것이다.

6장

성공의 지배적인 요인

성공의 지배적인 요인

내가 메마르고 열매가 없는 주된 원인은 설명이 잘 되지 않는 기도 생활의 퇴보에 있다. 나는 준비된 마음으로 읽고, 듣고, 이야기하고, 쓸 수 있다. 그러나 기도는 이런 것들보다 더 내적인 것이며 보다 더 신령한 것이다. 그리고 보다 더 신령한 일일수록 나의 육적인 마음은 거기에서 떠나려고 한다. 기도와 인내와 믿음은 결코 우리를 실망시키지 않는다. 만약 내가 목사가 되기 원한다면 기도와 믿음을 통해서만 가능하다는 것은 오래 전에 이미 배웠다. 내 마음이 기도하는 자세를 갖추고 자유롭게 기도할 수 있을 때, 다른 모든 것은 상대적으로 쉬워진다.

_리처드 뉴턴

Power through Prayer

chapter 6

성공적인 모든 사역에서 기도는 분명하고도 지배적인 요인이라는 것은 영적 진리라 할 수 있다. 기도는 설교자의 삶에서 분명하고 지배적인 요인이며, 그의 사역이 심오한 영성을 가지는 데도 분명하고 지배적인 요인이다. 기도가 없는 사역도 매우 사려 깊은 사역일 수 있다. 기도하지 않는 설교자도 명성과 인기를 얻을 수 있다. 설교자의 삶과 사역 전체가 기도의 기름 없이도, 또는 약간의 윤활유만 있어도 잘 돌아갈 수 있다. 그러나 기도가 분명하고 지배적인 요인이 되지 않는 한, 어떤 사역도 신령한 사역이 되지 못하며, 설교자와 그의 설교를 듣는 사람들에게 거룩함을 주지 못한다.

진정으로 기도하는 설교자는 하나님을 그의 사역 안으로 모셔 들인다. 하나님께서는 사역자의 일 속에 당연히 임하시거나 일반적인 원리에 따라 임하시는 것이 아니다. 하나님은 기도를 통해 간구하거나 특별히 긴급한 일이 생겼을 때 임하신다. 전심으로 하나님을 찾을 때 하나님을 만날 수 있다는 것은 회개하는 사람이나 설교자에게 다 같이 해당되는 진리이다(렘 29:13 참조). 기도가 충만한 사역을 통해서만 사람들을 긍휼히 여길 수 있다. 본질적으로 우리가 기도로 하나님과 연합되는 것처럼 사람들과도 기도로 연합된다. 기도가 넘치는 사역만이 설교자로 그 숭고한 직무와 책임을 감당할 수 있게 한다. 학식이나 서적, 신학, 설교가 설교자를 만드는 것이 아니라 기도가 설교자를 만든다. 사도들의 설교 사명은 그들이 기도하여 맞이한 오순절로 충만해질 때까지 전혀 이루어지지 않았다. 기도하는 사역자는 인기의 영역을 초월하고, 단순히 일을 하는 사람을 능가하며, 현실을 초월할 뿐더러, 멋진 설교에 매이지 않고, 교회 지도자의 자리를 넘어서서 더 숭고하고 더 능력 있는 영역으로, 더욱 신령한 영역으로 나아간다. 그가 이루어내는 것은 거룩이다. 변화된 마음과 삶이 그의 사역의 실상과 진실성과 진정한 속성을 찬란하게 장식한다.

하나님이 그와 함께하신다. 그의 사역은 세상적, 표면적 원리 위에 이루어지지 않는다. 그는 하나님의 마음을 깊이 간직할 뿐 아니라 깊이 알고 있다. 그는 성도들을 놓고 하나님과 갖는 길고 깊은 교제와, 고뇌하며 씨름하는 영혼으로 인해 하나님의 일에서 왕의 면류관을 쓰게 된다. 그의 뜨거운 기도는 벌써 오래 전에 단순한 입술의 고백에서 오는 냉랭함을 녹여버렸다.

피상적 결과만 있는 많은 사역들, 죽어 있는 사역들은 기도가 부족한 것이 원인이다. 어떤 사역도 기도 없이 성공할 수 없다. 기도는 근본적이어야 하고 끊임없어야 하며 계속 증가해야 한다. 설교 본문의 선택도, 내용도 기도의 결과여야 한다. 연구도 기도에 흠씬 젖어야 한다. 그의 임무도 기도로 잉태되어야 한다. 온 영이 기도의 영으로 잉태되어야 한다.

"나는 기도를 너무 적게 한 것이 유감이다." 이 말은 하나님의 택함을 받은 사람들이 임종시에 하는 후회이며, 설교자에게는 안타깝고 회한에 찬 후회다. 대감독 테이트Archibald C. Tait는 "나는 보다 위대하고, 보다 깊고, 보다 진실한 기도 생활을 원한다."고 하였다. 우리도 그렇게 말할 수 있어야 하며, 또 그렇게 될 수 있다.

하나님의 참된 설교자는 하나의 위대한 특성에 의해 구별된다. 그것은 기도의 사람이라는 특성이다. 종종 여러 면에서 다른 점을 나타내지만, 그들은 언제나 공통의 중심을 갖는다. 그들은 다른 점에서 출발할 수도 있고 다른 길로 걸어갈 수도 있으나 결국은 한 점에 귀착한다. 그 한 점은 기도다. 그들에게 하나님은 인력의 중심점이며, 기도는 하나님께로 가는 길이다. 이들은 경우에 따라서만 규칙적으로 조금씩, 혹은 시간이 남을 때만 기도하지 않는다.

그들의 기도는 인격에 스며들고 인격을 형성하며, 자신과 다른 사람들의 삶에 영향을 주며, 교회의 역사를 이루며 시대의 흐름을 좌우한다. 그들이 기도에 많은 시간을 바치는 것은 시간표를 짜놓았기 때문이 아니고, 기도가 결코 저버릴 수 없는 중대하고 매력적인 일이기 때문이다.

그들에게 있어 기도는 바울에게 그랬던 것처럼 영혼의 진정한 노력으로 이루어지는 하나의 투쟁이요, 야곱에게 그랬던 것처럼 씨름해서 이기는 기도요, 그리스도께 그랬던 것처럼 "심한 통곡과 눈물"(히 5:7)의 기도이다. 그들은 "모든 기도와 간구를 하되 항상 성령 안에서 기도하고 이를 위하여 깨어 구하기를 항상 힘"(엡 6:18)썼다. '효과적이고 간절한 기도'는 가장 강한 하나님의 군병의 가장 강력한 무기이다. 엘리야에 대한 기록 중 "엘리야는 우리와 성정이 같은 사람이로되 그가 비가 오지 않기를 간절히 기도한즉 삼 년 육 개월 동안 땅에 비가 오지 아니하고 다시 기도하니 하늘이 비를 주고 땅이 열매를 맺었느니라"(약 5:17-18)고 한 말씀은 하나님을 위해 자기 세대의 영혼을 맡은 모든 선지자와 설교자들에게 적용되며, 그들이 기적을 행하기 위해 어떤 도구를 사용해야 하는지를 보여 준다.

7장

하나님과의 교제 시간

power
through
prayer

하나님과의 교제 시간

교리에 능통한 거장들과 스승들은 언제나 기도에서 가장 고상한 계몽의 원천을 찾았다. 앤드루스 감독은 영국 성공회의 신학적인 틀을 결코 벗어나지 않으면서도, 날마다 다섯 시간씩 무릎 꿇고 기도했다는 기록을 남겼다. 우리의 신앙생활에 있어서 정말 놓치지 말아야 할 것은 믿음으로 만들어지는 아름다운 생활과 그 부요함을 실생활에서 누리는 것으로 이것은 오직 기도 외에는 방법이 없다.

_캐넌 리든

Power through Prayer

chapter 7

　대체로 개인 기도는 짧아야 하고, 공적 기도는 반드시 짧고 간결해야 한다. 그리고 즉흥적인 기도도 필요하고 중요하다.

　그러나 하나님과의 개인적인 교제에서 시간은 근본적으로 가치 있는 특징이라 할 수 있다. 하나님과 함께 많은 시간을 보내는 것이 모든 성공적 기도의 비결이다.

　강한 능력을 느끼게 하는 기도는 직접적 혹은 간접적으로 많은 시간을 하나님과 교제한 데서 오는 산물이다. 우리의 짧은 기도는 그것에 앞서 드려진 긴 기도에 근거를 두고 있다. 짧고 능력 있는 기도는 이에 앞서 오랫동안 하나님과 씨름하여 이긴 자만 할 수 있는 것이다. 야곱의 믿음의 승리는 밤새도록 씨름하지 않고서는 얻어질 수 없었다. 하나님과의 사귐은 갑자기 이루어지지 않는다. 하나님은 우연히, 또는 바쁘게 들락날락하는 이에게 그분의 은사를 주시지 않는다. 홀로 하나님과 더불어 많은 시간을 갖는 것이 그분을 아는 비결이요, 그분의 영향을 받는 비결이다.

하나님은 그분을 아는 믿음의 끈질김에 굴복하신다. 하나님은 그분의 은사에 대한 이해와 소원을 진지하고 꾸준하게 표시하는 자에게 가장 풍성한 은혜를 주신다. 다른 일은 물론 이 일에 있어서도 우리의 모범이 되시는 그리스도께서는 여러 차례 밤을 새워 기도하셨다. 그의 습관은 많이 기도하는 것이었다. 그는 고정된 기도의 장소를 갖고 계셨다.

오랜 시간의 많은 기도는 그의 생애와 인격을 형성했다. 바울은 밤낮을 가리지 않고 기도했다. 다니엘은 중요한 일을 제쳐두고 하루에 3번씩 기도했다. 다윗의 새벽, 낮, 밤 기도는 오래도록 지속되었다. 성경에는 이들 성경에 나오는 여러 믿음의 사람들이 기도로 많은 시간을 보냈다는 구체적인 설명이 없지만, 그들은 기도에 많은 시간을 바쳤으며 어떤 경우에는 오랜 시간의 기도가 그들의 습관이었다는 것을 분명히 알 수 있다.

물론 기도하는 시간에 따라 기도가 평가된다는 생각을 하게 하려는 것은 아니다. 다만 홀로 하나님과 함께하는 시간을 많이 가져야 할 필요성을 강조하는 것이다. 만약 이런 특성이 우리의 신앙에 의해 형성되지 않으면 우리의 믿음은 약하고 피상적인 것에 지나지 않음을 명심해야 할 것이다.

예수 그리스도를 자신의 인격 속에서 가장 잘 나타냈던 사람들, 그리스도를 위해 세상에 가장 강력한 영향을 주었던 이들은 모두 하나님과 많은 시간을 보냈고, 그런 습관이 그들의 생활 특징이 되었던 사람들이다.

찰스 시므온 Charles Simeon은 새벽 4시부터 8시까지를 하나님께 기도하는 시간으로 드렸다. 존 웨슬리 John Wesley는 매일 2시간씩 기도했다. 그는 새벽 4시에 기도를 시작했다. 그를 잘 아는 사람이 그에 대해 이런 글을 썼다. "그는 다른 어떤 일보다도 기도를 중시했다. 그리고 나는 그가 빛을 발하는 듯한 얼굴로 기도실에서 나오는 것을 보곤 했다."

존 플레처 John Fletcher는 기도의 숨결로 벽을 얼룩지게 했다. 때로 그는 밤을 새워 기도했고 항상 진지하게 기도했다. 한마디로 그는 기도의 삶을 살았다. "나는 내 마음을 하나님께 드리지 않고는 결코 자리에서 일어나지 않겠다."고 그는 말했다. 그의 친구에 대한 인사는 항상 "내가 기도하는 당신을 만나는가?"였다.

루터는 "만약 내가 매일 새벽 2시간을 기도로 보내지 않는다면, 그날의 승리는 마귀에게로 돌아갈 것이다. 나는 할 일이 너무 많기 때문에 매일 3시간씩 기도하지 않고는 일어날 수가 없다."고 했다. 그의 좌우명은 "기도를 잘한 사람은 연구를 잘한 사람이다."였다.

대감독 레이턴 Robert Leighton 은 홀로 하나님과 함께하는 시간이 너무나 많았기 때문에 마치 영원한 묵상 속에 있는 것처럼 보였다. 그의 전기를 쓴 사람은 "기도와 찬양은 그의 일이요 기쁨이었다."고 말한다. 켄 Thomas Ken 감독은 하나님과 많은 시간을 함께하였기 때문에 그의 영혼은 하나님으로 무장되어 있다고 일컬어졌다. 그는 매일 새벽 3시 종이 치기 전에 하나님과 함께하는 시간을 시작했다. 애즈베리 Frencis Asbury 감독은 말했다. "나는 할 수 있는 한 새벽 4시에 일어나서 2시간 동안 기도와 묵상으로 보낼 작정이다." 경건의 향기가 지금까지도 풍성하게 풍기고 있는 새뮤얼 러더포드 Samuel Rutherford 는 기도로 하나님과 교제하기 위해 매일 새벽 3시에 일어났다. 조셉 얼라인 Joseph Alleine은 항상 4시에 일어나 8시까지 기도했다. 그가 일어나기 전에 다른 상인들이 일을 하려고 왕래하는 소리를 듣게 되면 그는 "아, 이 얼마나 큰 수치인가! 나의 주님이 저들의 주인보다 못하단 말인가!" 하며 안타까워했다. 기도하는 일을 잘 배운 사람은 천국의 무궁한 보화를 받아 누리게 된다.

경건하고 다재다능한 스코틀랜드의 한 설교자는 이렇게 말했다. "나는 가장 귀중한 시간을 하나님과 교제하는 데 보내지 않으면 안 된다. 그것은 가장 고상하고 가장 많은 결실을 맺는 작업이며, 결코 구석으로 밀어 놓을 일이 아니다. 6시부터 8시 사이의 아침 시간은 가장 방해를 덜 받는 시간으로, 여기에 사용되어야 한다. 차를 마시고 난 다음 시간은 가장 좋은 시간이다. 나는 이 시간을 경건하게 하나님께 바쳐야 한다. 잠자리에 들기 전에 기도하는, 어릴 때부터 익혀온 습관을 버려서는 안 된다. 그러나 이때에는 잠을 경계해야 한다. 밤중에 눈이 뜨이면 일어나 기도해야 한다. 아침 식사 후의 짧은 시간은 남을 위해 중보하는 시간으로 보내면 좋을 것이다." 이것은 로버트 맥체인 Robert M. McCheyne의 기도 계획이었다. 옛날 감리교도의 기도는 우리를 부끄럽게 한다. "새벽 4시부터 5시까지 개인 기도, 저녁 5시에서 6시까지 개인 기도."

경건하고 놀라운 생애로 이름이 나 있는 스코틀랜드의 설교자 존 웰치John Welch는 하루에 8시간 내지 10시간을 기도로 보내지 않으면 그날 하루는 잘못 보냈다고 생각했다. 그는 늘 밤중에 일어나 기도할 때 뒤집어쓰려고 담요를 준비하곤 했다. 그의 아내는 방바닥에 엎드려 울고 있는 남편을 보고 불평하곤 했다. 그러면 그는 이렇게 대답했다고 한다. "내가 기도해야 할 영혼이 3천 명이나 되오. 그런데 나는 그들이 어떤 상태에 있는지 모른단 말이요."

8장

기도로
성공한 사람들

기도로 성공한 사람들

기도는 우리의 마음으로 할 수 있는 것들 가운데 가장 위대한 능력을 발휘하게 한다. 기도, 그것은 내가 가진 모든 것을 포기하고 오직 주님에게만 집중하는 것으로 세상적인 생각과 학문의 지식으로 가득한 사람에게는 그 문이 결코 열리지 않는다.

_사무엘 테일러 콜리지

Power through Prayer

chapter 8

윌슨Daniel Wilson 감독은 말했다. "헨리 마틴Henry Martyn의 일기 가운데서 가장 나에게 인상적이었던 것은 그의 기도의 정신과 그가 기도에 바친 시간과 그가 기도에 쏟은 정열이다."

페이슨Edward Payson은 기도하기 위해 너무 오랫동안 무릎을 꿇었던 까닭에 단단한 나무판자에 홈이 파이기도 했다. 그의 전기 작가는 이렇게 쓰고 있다. "그가 어떤 여건 속에서도 끊이지 않고 기도한 것은 그의 생애 가운데 가장 두드러지는 사실이다. 그리고 이것은 그의 명성에 도전하는 모든 사람들의 일임을 지적해 주고 있다. 그의 눈부시고 지속적인 성공의 비결은 의심할 바 없이 뜨겁고 꾸준히 계속된 기도에 있다."

그리스도를 무엇보다도 귀하게 여겼던 디렌티Gaston J. B. DeRenty가 한번은 사환에게 30분이 지나면 기도하는 자기를 불러 달라고 말했다. 시간이 되어 사환은 문틈으로 그의 얼굴을 들여다보았다. 그런데 그 모습이 어찌나 거룩하였던지 그를 부르고 싶지 않았다. 그의 입술은 계속 움직이고 있었지만 고요한 상태였다. 사환은 30분이 세 번이나 지나도록 기다렸다가 그를 불렀다. 그러자 디렌티는 무릎을 꿇고 있다가 일어나면서 그리스도와 교제할 때는 30분이 너무 짧다고 말했다.

데이비드 브레이너드David Brainerd는 이렇게 말했다. "나는 오두막집에 혼자 있기를 좋아한다. 거기서는 오랜 시간을 기도로 보낼 수 있기 때문이다."

윌리엄 브램웰William Bramwell은 감리교 역사에서 성결한 생활과 성공적인 설교, 놀라운 기도 응답으로 유명하다. 그는 몇 시간씩 기도하곤 했는데 거의 무릎을 꿇고 살았다. 그는 마치 "불꽃처럼" 그의 교구를 순방했다. 그는 기도로 영적인 삶의 불을 붙였다. 때로 그는 4시간이나 되는 긴 시간 동안 한적한 곳에서 기도하였다.

앤드루스Lancelot Andrewes 감독은 매일 5시간을 기도와 말씀 묵상에 드렸다.

헨리 해블록Henry Havelock 감독은 매일 처음 두 시간을 홀로 하나님과 교제하는 시간으로 사용했다. 야영지에서 기상시간이 6시면 그는 4시에 일어나 기도했다.

얼 케언즈Earl Cairns는 매일 6시에 일어나 1시간 30분을 성경 공부와 기도에 드리고 7시 45분에 가정 예배를 시작했다.

아도니람 저드슨Adoniram Judson 박사가 하나님의 일에 성공한 것은 많은 시간을 기도에 바쳤기 때문이라고 할 수 있다. 이 점에 대하여 그는 이렇게 말했다. "할 수만 있으면 하루에 두세 시간을 내어 단순한 경건의 시간이 아니라 은밀한 기도와 하나님과의 교제를 가지도록 계획을 하십시오. 하루에 일곱 번씩 일과 사람들로부터 벗어나 한적한 곳에서 하나님께 영혼을 드리도록 하십시오. 자정 후에 일어나 얼마간의 시간을 밤의 어둠과 고요 속에서 이 성스러운 일에 바침으로써 하루를 시작하십시오. 날이 밝는 새벽을 기도하는 가운데서 맞을 수 있도록 하십시오. 9시, 12시, 오후 3시, 오후 6시, 밤 9시에도 그렇게 하십시오. 주님을 위해 단호히 임하십시오. 이를 지속할 수 있도록 모든 실제적인 희생을 치르십시오. 그대의 시간은 지극히 짧습니다. 일과 사람들로 인해 하나님께 드려야 할 시간을 빼앗기지 마십시오." 우리는 "불가능한 일입니다."라고 할 것이다. 미친 제안이라고 할 것이다. 저드슨 박사는 한 나라에 '그리스도의 영향'을 끼칠 수 있었다. 그는 미얀마의 심장에 불멸의 화강암으로 하나님 나라의 기초를 닦아 놓았다. 그는 그리스도를 위해 세계에 강력한 영향을 끼친 몇 안 되는 인물 가운데 하나가 되었다. 저드슨 박사보다 많은 은사와 재능과 학식을 가진 사람이 많지만 그만큼 강력한 영향을 끼치지는 못했다. 그들의 활동은 '모래 위의 발자국' 같은 것이다. 그러나 그는 강철 위에 그의 업적을 새겨놓았다. 그의 심오하고 영속적인 영향력은 어디에서 왔는가? 기도에 많은 시간을 바쳤다는 것에 있다. 그는 기도로 강철이 늘 빨갛게 달구어져 있게 했고, 하나님은 영원한 능력으로 그것을 다듬었다. 기도의 사람이 아니고는 아무도 하나님을 위하여 위대한 일을 할 수 없다. 기도에 많은 시간을 드리지 않는 사람은 결코 '기도의 사람'이 될 수 없다.

   기도는 단순히 단조롭고 기계적인 습관을 가지는 것일까? 기도는 우리가 훈련을 받아 마침내 고분고분하고 피상적이고 단조롭고 짤막함으로 이루어진 별 볼 일 없는 행위일까? 기도는 보통 사람들이 생각하는 것처럼 몇 분, 몇 시간씩 안이한 공상을 하는 동안에 흘러나오는 감정의 반수동적인 연기 같은 것일까?

리든Henry P. Liddon은 이렇게 대답한다. "진정으로 기도해 본 경험이 있는 사람들에게 들어보라. 그들은 기도를, 야곱이 그랬던 것처럼 보이지 않는 힘과 씨름하는 것으로 묘사한다. 이 씨름은 때로 밤늦게까지, 혹은 새벽녘까지 계속된다. 그들은 남을 위한 중보 기도를 사도 바울이 말한 것처럼 연합하여 싸우는 싸움이라고 부른다. 그들은 기도할 때에 겟세마네의 중보자께 눈을 고정시킨다. 그분은 땀방울이 핏방울이 되도록 기도한 분이다. 끈질김은 성공적인 기도의 핵심이다. 끈질김이란 비몽사몽의 상태에 빠지는 것을 말하는 것이 아니라 지속적인 것을 의미한다. 특히 하늘나라가 침노를 당하고 침노하는 자가 빼앗는 것은 기도를 통해서이다." 해밀턴Walter K. Hamilton 감독은 이렇게 말했다. "기도를 가장 흥미 있고 가장 필요한 과제로 생각하여 진지하게 준비하고, 또한 꾸준히 지속할 일로 여기고 시작하지 않는 사람은 기도에서 별로 많은 효험을 이룰 수 없다."

9장

하루의 시작은
기도로부터

하루의 시작은 기도로부터

나의 하루는 기도로 시작됐어야 함에도 불구하고 나는 종종 늦잠을 자거나 주님보다 먼저 사람들을 만나는 일을 즐겼다. 이런 한심스러운 일들은 오전 11시, 때로는 12까지 계속 됐다. 이것은 주님께서 새벽에 일어나 홀로 한적한 곳에서 기도하신 것과 "내가 새벽에 주님께 부르짖으면, 주님은 나에게 응답하셨다"라는 다윗을 생각할 때에 너무나 부끄러운 모습이었다. 시간이 흐르면서 가족들과 함께하는 기도도 점점 힘을 잃고 냉랭해져 갔다. 그럼에도 내게는 그들을 위해 할 것이 하나도 없었다. 이미 내 기도의 등불은 꺼져 있었고 나의 영혼은 죄책감으로 찌들어 있었다. 주님과 함께했던 나의 은밀한 기도가 주님으로부터 외면 받는 심각한 일을 겪으면서 나는 다른 어떤 것보다 아침 일찍 주님의 얼굴을 대하며 그분과 함께하는 만남이 얼마나 소중한 것인지를 깊이 깨달았다.

_로버트 머레이 맥체인

Power through Prayer

chapter 9

이 세상에서 하나님을 위해 가장 많은 일을 한 사람들은 아침 일찍 무릎을 꿇은 사람들이다. 이른 아침을, 그 신선함과 무궁한 기회를 사용하여 하나님을 찾기보다 다른 일에 낭비해 버리는 사람은 하루 종일 하나님을 찾는 일에 별 진전을 보지 못하기 마련이다. 이른 아침에 하나님이 우리의 생각과 노력에서 첫자리를 차지하지 않는다면, 하나님은 하루 종일 맨 마지막 자리를 차지하게 될 것이다.

이처럼 이른 아침에 일찍 기도한다는 것은 하나님을 간절히 찾고 있다는 증거다. 아침의 무관심은 정함이 없는 마음의 표시이다. 아침에 하나님을 찾지 않는 마음은 하

하나님을 향한 갈망을 상실한 마음이다. 다윗의 마음은 하나님을 향하여 불붙는 듯했다. 그는 하나님을 갈급해 했고 갈증을 느꼈다. 그래서 날이 새기 전에 일찍 하나님을 찾았다. 하나님을 향한 강렬한 열망 때문에 침상도 곤한 잠도 그의 영혼을 얽어맬 수 없었다. 그리스도는 하나님과의 교제를 갈구했다. 그래서 날이 새기도 전에 일어나 한적한 곳으로 가서 기도하셨다. 잠이 깬 후 너무 많은 잠을 잔 데 대해 부끄러움을 느낀 제자들은 예수님께서 어디에 계신지를 알 수 있었다. 하나님을 위해 위대한 일을 행한 사람들을 보면 모두가 아침 일찍부터 하나님을 찾았다는 공통점을 지니고 있다. 하나님을 향한 갈망이 잠의 사슬을 끊을 수 없다면 그 갈망은 약해서 충분히 잠을 자고 난 후에도 하나님을 위해서 별 일을 할 수 없다. 이른 아침 하나님을 향한 욕구가 마귀와 세상의 욕구보다 뒤진다면 아무것도 할 수 없다.

사람을 전선으로 보내 하나님의 군대 대장이 되게 하는 일은 단순히 일찍 일어나는 것으로 되지 않는다. 모든 나태함과 욕망의 사슬을 끊을 수 있을 만큼 강한 갈망이 있어야 한다. 일찍 일어나는 것은 갈망을 갖게 하고 갈망을 더 증가시키고 힘을 더하여 준다. 하지만 잠자리에 누워 육신이 원하는 대로 한다면 그 갈망은 사라지게 될 것이다. 갈망이 잠을 깨워 하나님을 만나는 곳으로 가게 해야 한다. 이 부르심에 대한 세심한 주의와 순종이 그들로 하여금 하나님을 붙들게 하고 가장 아름답고 충만한 계시를 얻게 하는 것이다. 이런 믿음의 힘과 계시의 충만함이 그들을 탁월한 성도로 만들었고, 그들의 성스러운 생활의 후광이 우리에게까지 비쳐 내려온다.

그러나 우리는 다만 기쁨에 동참할 뿐 노력에는 동참하지 않는다. 우리는 그들의 무덤을 만들고 비문을 쓰지만, 그들의 모범을 따르는 데는 관심을 두지 않는다. 우리는 하나님을 찾되 간절히 찾는 설교자를, 아침의 신선함과 이슬을 주님께 드리고 대신 하나님의 능력의 신선함과 충만함을 받아 분주한 하루 생활 중에도 기쁨과 힘이 충만한 설교자를 필요로 한다.

하나님을 찾는 일에 게으른 것은 통곡해 마땅한 죄다. 이 세상의 자녀가 우리보다 훨씬 더 지혜롭다. 그들은 일찍부터 늦게까지 분주히 일한다. 그러나 우리는 부지런히, 열심히 하나님을 찾지 않는다. 열심히 하나님을 찾는 사람이 아니면 하나님을 만날 수 없다. 아침 일찍 하나님을 찾지 않는 사람은 하나님을 열심히 따르는 사람이 아니다.

10장

기도와 헌신은 하나다

기도와 헌신은 하나다

오늘날 목회에서는 영적 영향력이 눈에 띄게 부족하다. 내 경우를 봐도 그렇고, 또 다른 사람들도 마찬가지이다. 우리 안에 천박하고 잔재주를 부리며 술수를 쓰려는 기질이 너무 많지 않은가 우려한다. 우리는 지나치게 이 사람 저 사람의 취향과 편견에 맞추려 애쓴다. 목회는 거룩하고 중대한 일이다. 그것은 우리에게 소박한 영적 습관과 모든 결과에 대한 거룩하고도 겸손한 무관심을 요구한다. 목회자들의 가장 큰 단점은 헌신된 습관이 없다는 것이다.

_리처드 세실

Power through Prayer

chapter 10

오늘날과 같이 헌신된 그리스도인이 필요한 때는 없었다. 더욱더 절실하게 요구되는 것은 하나님께 헌신된 설교자다. 세상은 엄청난 속도로 움직이고 있다. 사탄이 세상을 쥐고 통치하면서 모든 움직임을 자기의 목적에 맞추려고 애쓰고 있다. 기독교는 최선을 다하여 가장 매력적이고 완전한 모델을 제시해야 한다. 어떻게 해서든 현대의 성도는 성령을 통하여 가장 고상한 이상과 가장 큰 가능성에 힘입어야 한다.

사도 바울은 에베소 교회가 측량할 수 없는 거룩함의 높이와 넓이, 깊이를 측량하고, "하나님의 모든 충만하신 것으로 충만하게 되기를"(엡 3:19) 늘 무릎 꿇고 기도했다. 에바브라는 골로새 교회가 "하나님의 모든 뜻 가운데서 완전하고 확신 있게 서기를"(골4:12) 헤아릴 수 없는 수고와 힘겨운 투쟁이 따르는 뜨거운 기도를 하면서 자신을 내려놓았다. 사도 시대에는 하나님의 백성이 각자 그리고 "다 하나님의 아들을 믿는 것과 아는 일에 하나가 되어 온전한 사람을 이루어 그리스도의 장성한 분량이 충만한 데까지 이르도록"(엡 4:13) 애썼다.

영적 난쟁이를 장려하지 않았고, 믿은 지 오래된 영적 어린아이를 격려하지 않았다. 어린아이는 자라야 했고, 나이든 이들은 연약함 대신에 열매를 맺고 살이 찌고 생산을 해야 했다. 기독교에서 가장 숭고한 것은 거룩한 남녀 성도들이다.

아무리 돈이 많은 사람이라도, 아무리 놀라운 천재라도, 아무리 교양 있는 인물이라도 하나님의 일을 할 수 없다. 영혼에 활력을 주는 경건함과 사랑으로, 더 큰 믿음과 더 뜨거운 기도와 더 많은 열심과 더 간절한 성별에 대한 갈망으로 불타는 전 인격, 바로 이것이 능력의 비결이다.

이것이 우리에게 필요한 것이고, 우리가 반드시 가져야 하는 것이다. 그러므로 사람은 하나님이 불붙이신 헌신을 삶으로 드러낼 수 있다. 이것이 부족하기 때문에 하나님의 일이 지체되었고, 하나님의 이름이 더럽혀졌다. 아무리 고상하고 재주 많은 천재도, 아무리 학식이 많고 세련된 학자도, 지위도, 명성도 하나님의 병거를 움직일 수 없다. 불붙는 힘만이 이를 움직일 수 있는 것이다. 밀턴과 같은 천재라도 할 수 없다. 레오의 제국을 휘잡는 힘도 할 수 없다.

하지만 브레이너드의 영은 이것을 할 수 있다. 브레이너드의 영은 하나님을 향하여, 영혼을 향하여 불타고 있었다. 세상의 육적인 어떤 힘도 이 모든 것을 굴복시키고 모든 것을 태우는 이 강력한 힘과 불을 당해 내지 못했다.

기도는 헌신의 통로이면서 동시에 헌신의 창조자이다. 헌신의 영은 기도의 영이다. 기도와 헌신은 영과 육이 연합되듯이, 생명과 심장이 붙어 있듯이 서로 연합되어 있다. 헌신 없이 참된 기도가 있을 수 없고 기도 없이 참된 헌신이 있을 수 없다. 설교자는 가장 거룩한 헌신을 통해 하나님께 굴복해야 한다. 그는 직업인이 아니다. 그의 사역은 직업이 아니다.

그것은 하나님이 임명하신 것이며 하나님께 대한 헌신이다. 그는 하나님께 바친 바 되었다. 그의 목표와 포부와 야망은 하나님을 위한 것이고 하나님을 향한 것이다. 이런 사람에게는 음식이 생명을 유지하는 데에 절대로 없어서는 안 되는 것처럼, 기도는 중요하고 필수적인 것이다.

설교자는 무엇보다도 먼저 하나님께 헌신한 사람이어야 한다. 설교자와 하나님과의 관계는 그의 사역의 상징이며 증명서다. 이것은 분명하고 결정적이고 틀림없는 것이어야 한다. 평범한 사람들과 다를 바 없는 헌신, 겉으로만 그럴 듯한 헌신은 안 된다.

그가 은혜에 뛰어나지 못하다면 다른 모든 것에서도 뛰어날 수 없다. 설교자가 생활과 인격과 행위로 설교하지 않는다면 그는 전혀 설교하지 않는 것이다. 그의 경건이 경박한 것이라면 설교가 아무리 음악처럼 부드럽고 달콤할지라도, 또는 아볼로의 은사를 가졌더라도, 결국 깃털보다 가벼워 아침이 되면 사라지는 안개와 같을 것이다.

하나님께 바친 헌신 대신 목회자의 인격과 행위에서 이것을 대치할 만한 것은 없다. 교회에 대한 헌신, 의견이나 특정한 기관에 대한 헌신, 정통 교리에 대한 헌신, 이런 것들이 영감의 원천이 될 때는 모두 잘못된 것이고 헛된 것이다. 하나님이 설교자의 노력의 원천이 되어야 하며, 하나님께서 모든 수고의 샘과 절정이 되어야 한다. 예수 그리스도의 이름과 영광, 그의 뜻의 실현이 모든 것이 되어야 한다.

설교자는 예수 그리스도의 이름 이외에 다른 영감을 가질 수 없으며, 예수 그리스도께 영광을 돌리는 것 외에 다른 야망이 필요 없고, 하나님을 위한 수고 외에 다른 수고를 해서는 안 된다. 그럴 때에 기도는 하나님의 계시를 얻는 원천이 되고, 지속적인 성장의 수단이 되고, 성공의 척도가 된다. 설교자가 가질 수 있는 유일한 야망은 하나님과 함께 있는 것이다.

기도가 가지는 가능성에 대한 산 증거가 오늘날같이 필요한 시대는 없었다. 깊고 진지한 기도만이 참된 복음의 힘을 대표할 모델이 될 수 있다. 기도 없는 시대는 하나님의 능력의 모델을 가질 수가 없다. 기도 없는 마음은 결코 이 고원에 오를 수 없다. 그 시대가 이전 시대보다 더 나을 수는 있다. 그러나 발전된 문명의 힘에 의해 이루어진 진보와 기도로 인한 "거룩함과 그리스도의 형상"의 성장으로 이루어진 발전과는 커다란 차이가 있다. 그리스도께서 오셨을 당시 유대인들은 과거 어느 때보다도 좋은 상태에 있었다. 바리새 종교의 황금시대였던 것이다. 그런데 그들의 종교적 황금시대가 그리스도를 십자가에 못 박아 죽였다. 기도가 더 많아지지도 않았고 기도가 더 줄지도 않았다. 제사가 더 늘어나지도 않았고 줄어들지도 않았다. 우상숭배가 더 늘어나지도 더 줄어들지도 않았다. 성전 예배가 더 늘어나지도 않았고 하나님 예배가 줄어들지도 않았다. 하나님을 입술로 섬기는 일이 많아지지도 않았고 마음의 예배가 줄어들지도 않았다(유대인들은 입술로는 하나님을 예배하면서도 손과 마음으로는 하나님의 아들을 십자가에 못 박았다). 교회 출석이 더 늘어나지 않았고 성도들이 줄어들지도 않았다.

성도를 만들어내는 것은 기도의 능력이다. 거룩한 인격은 참된 기도의 능력에 의해 이루어진다. 참된 성도가 많을수록 기도가 많아지고, 기도가 많아질수록 참된 성도가 많아진다.

11장

헌신의 사람
데이비드 브레이너드

헌신의 사람 데이비드 브레이너드

그리스도와 깊은 교제를 하라. 그리스도 안에는 커튼이 드리워져 보이지 않는 부분이 있다. 그 커튼을 젖히면 그곳에 그분의 사랑이 숨겨져 있다. 내가 과연 그 사랑의 끝까지 닿을 수 있을지 의문이다. 그 사랑은 수많은 겹으로 되어 있다. 그러니 더 깊이 들어가라. 하루의 많은 시간을 수고와 인내로 땀을 흘리는 깊은 기도를 하라. 수고의 열매를 거두게 될 것이다.
_새뮤얼 러더퍼드

Power through Prayer

chapter 11

하나님께서는 과거에나 지금이나 기도에 충실한 설교자들을 쓰신다. 그들의 삶에서 기도는 강력하고 지배적이며, 두드러진 힘을 발휘한다. 세상은 그들의 힘을 느꼈다. 하나님도 그들의 힘을 느끼시고 높여 주셨다. 그들의 기도에 의해 하나님의 큰 뜻이 강력하고도 신속하게 이루어질 수 있었다. 그들의 인격에는 거룩함이 하나님의 광채로 빛났다.

하나님께서는 찾고 계시던 이상적인 인간을 데이비드 브레이너드에게서 발견하셨다. 브레이너드의 업적과 이름은 역사 속에 남아 있다.

그는 평범한 사람이 아니었다. 그는 누구와 함께하더

라도 빛을 발할 수 있었다. 지식 많고 재능 많은 사람들과 함께할 수도 있었고, 가장 멋진 강단에서도 두드러진 사람이었고, 아주 세련되고 교양이 있는 사람들 사이에서도 그를 목회자로 모시려고 안달이 날 정도였다.

조나단 에드워즈는 그에 대해 이렇게 증거한다.

"브레이너드는 뛰어난 재능을 가진 청년으로, 인간과 사물에 대해 해박한 지식을 소유했으며, 보기 드문 화술을 지녔고, 신학적으로도 탁월했으며, 젊은이로서 특별하게 경건했고, 신앙과 관련된 모든 문제에 있어서는 더욱 그랬다. 참된 신앙의 성격과 진수에 관해 그와 같이 정확하고 분명한 개념을 지니고 있는 사람을 그의 나이 또래에서 만나 본 적이 없다. 그의 기도하는 자세는 거의 흉내도 낼 수 없는 것이어서 그에게 필적할 만한 사람을 찾을 수 없을 정도였다. 그의 학문은 아주 대단한 것이었다. 또한 그는 강단에 특출한 은사를 가진 사람이었다."

지상 인간의 연대기 중에서 데이비드 브레이너드의 것만큼 숭고한 것은 없다. 어떤 기적도 이 사람의 생애와 사역만큼 기독교의 진리를 신성한 능력으로 증명해 주지 못한다. 아메리카의 황량한 들판에서 밤낮 치명적인 병과 싸우면서, 영혼을 보살피는 법을 배운 적도 없는 그가 손과 마음에 하나님의 말씀을 가지고 이교도 통역자를 통하여 인디언들에게 접근할 때, 그의 영혼은 거룩한 불로 타올랐다. 그는 기도로 자신의 영혼을 하나님께 쏟을 장소와 시간을 찾으면서 하나님에 대한 예배를 온전히 확립시켰고 그에 따른 은혜로운 열매를 얻었다. 인디언들에게는 무식하고 비천한 이교에서 순수하고 경건하고 지성적인 기독교로 전향하는 대변화가 일어났다. 모든 악이 개혁되었고, 기독교의 외적인 규범이 일제히 받아들여져서 실행에 옮겨졌다. 가정 기도가 생기고, 주일이 정해져 경건하게 지켜졌다. 믿음이 주는 내적인 은혜가 갈수록 아름답고 강력하게 나타났다. 이 모든 결과의 해답을 우리는 데이비드 브레이너드에게서 발견한다. 환경이나 사건이 아닌 인간 브레이너드에게서 해답을 발견하는 것이다. 그는 하나님의 사람이었다. 처음부터 끝까지 아니 언제나 그는 하나님을 위해 산 사람이었다.

하나님께서는 아무런 장애를 받지 않고 그를 통하여 일하실 수 있었다. 온 통로가 하나님의 충만하고도 강력한 능력이 통과할 수 있도록 넓혀지고 깨끗이 정리되어 있었다. 그래서 하나님께서 강력한 능력으로 소망 없고 미개한 황야에 임하셔서 그곳을 꽃 피고 열매 맺는 동산으로 변화시키실 수 있었던 것이다. 하나님께서 적당한 사람을 발견하시기만 하면, 못하실 일이 없는 것이다.

브레이너드는 거룩한 삶, 기도의 삶을 살았다. 그의 일기는 금식과 묵상과 한적한 곳에서의 기도에 관한 기록으로 가득 차 있다. 매일 혼자 기도하며 보낸 시간이 몇 시간씩 되었다.

그는 이렇게 썼다.

"내가 집에 돌아와서 금식과 기도와 묵상에 잠길 때면, 나의 영혼은 금욕과 자기 부인과 겸손과 세상일과의 결별을 갈망한다. 나는 이 땅과는 아무 상관도 없다. 오직 하나님을 위해 정직하게 땅에서 일할 뿐이다. 땅이 제공할 수 있는 것을 위해서는 단 일 분도 살고 싶지 않다."

그의 생애와 사역에 그와 같이 놀라운 힘을 주었던 것은 기도였다. 그는 이와 같은 법칙에 따라 기도했다.

"하나님과의 영적 교제에서 오는 달콤한 기쁨과 하나님의 사랑의 강권하는 힘, 그리고 그 힘이 영혼을 사로잡고 모든 욕망과 감정을 하나님께 맞추지 않을 수 없게 하는 것을 느끼면서, 나는 오늘을 은밀한 금식과 기도로 보내기로 작정한다. 복음을 전파하는 위대한 일에 나를 축복해 주시기를 바라면서, 그리고 주님께서 나를 돌아보셔서 그의 빛을 보여 주시기를 갈구하면서 나는 기도에 임한다.

오전에는 별로 생명과 능력이 없었다. 오후 중간쯤 되어서는 보이지 않는 친구들을 위해 열심히 씨름하는 중보기도를 드릴 수 있도록 해 주셨다. 그러나 주님께서는 한밤중에 놀랍게 나를 찾아 주셨다. 나의 영혼이 이와 같이 갈등을 느낀 적은 없었던 것 같다. 나는 어떤 속박도 느끼지 않았다. 하나님께서 주시는 은혜의 보화가 나에게 열렸기 때문이다. 나는 친구들을 위하여, 영혼 구원을 위하여, 수많은 불쌍한 영혼을 위하여, 멀리 떨어져 있는 하나님의 자녀들을 위하여 씨름했다. 해가 뜬 후 한 시간이 되기 전부터 거의 어두워질 때까지 고뇌하면서 온통 땀으로 젖어 있었다. 그러나 아무것도 하지 못한 것같이 느껴졌다. 아, 나의 구주께서 불쌍한 영혼을 위하여 피땀을 흘려 주셨다. 나는 그들을 위하여 더 많은 애정을 갖기 원한다. 나는 아직도 흐뭇함을 느낀다. 그리고 하나님의 사랑과 은혜를 담뿍 느끼며 나의 마음을 하나님께로 향한 채 잠자리에 들었다."

강한 기도의 사람들은 신령한 능력의 사람들이다. 기도는 결코 죽지 않는다.

브레이너드의 일생은 기도의 일생이었다. 밤에도 낮에도 그는 기도했다. 설교 전에도 설교 후에도 기도했다. 울창한 숲속을 뚫고 지나가면서도 그는 기도했다. 짚으로 된 침대에 누워서도 그는 기도했다. 빽빽이 나무가 들어선 숲속으로 혼자 들어가 기도했다. 매시간, 매일, 아침 일찍, 밤늦게 그는 기도했고, 금식했고, 하나님과 교제하면서 그의 영혼을 쏟았다. 그는 능력 있는 기도로 하나님과 동행했고 하나님은 능력 있게 그와 동행하셨다. 이로 인하여 그는 죽었지만 여전히 살아서 말하고 일한다. 세상 끝날까지 계속 그럴 것이다. 그리고 영광스러운 그날에 그는 영화롭게 된 자들 가운데 가장 윗자리에 있게 될 것이다.

조나단 에드워즈는 그에 대하여 이렇게 말했다.

"그의 삶은 능력 있는 사역으로 가는 바른 길이 무엇인지 보여준다. 그는 군인이 전투에서 승리를 추구하는 것처럼 그 길을 찾았다. 그리스도와 영혼을 향한 사랑에 자극을 받은 그가 어떻게 일했던가? 항상 열렬하게 일했다. 공적, 사적으로 말과 교리로만이 아니라 밤낮 기도하며 말할 수 없는 고뇌와 신음으로 은밀한 중에, 해산의 고통을 겪으며 하나님과 씨름했다. 마침내 하나님께서 보낸 사람들의 마음속에 그리스도의 형상이 이루어졌다. 그는 마치 야곱처럼 날이 밝을 때까지 영혼의 씨름을 계속했다."

12장

마음의 준비가 필요하다

마음의 준비가 필요하다

➰

마음에서 나오지 아니한 것은 결코 마음에 이를 수 없으며, 살아 있는 양심에서 나오지 아니한 것은 결코 양심을 꿰뚫을 수 없다.
_ 윌리엄 펜

이른 아침이면 나는 마음보다는 머리를 준비하는 데 몰입했다. 이는 내가 흔히 범하는 실수였다. 나는 항상 이것이 잘못임을, 특히 기도할 때 절실하게 느꼈다. 주여, 이런 저를 고쳐 주시고 마음 문을 열어 주소서. 그러면 제가 선포하겠습니다.
_ 로버트 머레이 맥체인

마음보다 머리가 더 들어간 설교는 듣는 사람에게 효과적으로 전달되지 못한다.
_ 리처드 세실

Power through Prayer
chapter 12

　　기도는 여러 면에 갖가지 능력이 있어서 우리 입으로 진리를 온전하고 자유롭게 전하도록 돕는다. 설교자는 기도로 만들어진다. 그러므로 설교자를 위해 기도해야 한다. 설교자의 입을 위해 기도해야 한다. 그의 입은 기도로 열려져야 하고 채워져야 한다. 거룩한 입은 기도로, 많은 기도로 만들어진다. 용기 있는 입은 기도로, 많은 기도로 만들어진다. 교회와 세상, 하나님과 천국은 바울의 입에 많이 힘입었다. 바울의 입의 능력은 기도에서 온 것이다.

　　기도는 설교자에게 다양한 면에서 갖가지 방법으로 무한히 유익하다. 그 중에 한 가지는 설교자의 마음을 돕는 것이다.

<mark>기도는 청중의 마음을 움직이는 설교자로 만든다. 기도는 설교자의 전 마음을 설교 속에 불어 넣는다. 기도는 설교를 설교자의 마음속으로 들어가게 한다. 마음이 설교자를 만든다.</mark> 위대한 마음의 소유자가 위대한 설교자이다. 마음이 사악한 사람들은 어쩌다가 착한 일을 할 수 있을지는 모르나 극히 드문 일이다. 품꾼이나 남이 양떼를 도울 수 있으나, 양떼를 축복하고 목자의 직분을 다하는 것은 오직 선한 목자의 마음을 가진 목자뿐이다.

우리는 설교 준비를 강조한 나머지 준비해야 할 중요한 마음을 잃어버린다. 준비된 마음이 준비된 설교보다 훨씬 낫다. 준비된 마음이 준비된 설교를 만든다. 설교 작성 기법을 자세히 다룬 책이 수없이 씌어져서 이제는 이것만도 집채만 하다는 생각이 들 정도다. 젊은 설교자들은 설교의 형식과 감각, 아름다움을 기계적?지적 산물로 여겨 힘을 쏟도록 교육받아 왔다. 그 결과 우리는 교인들에게 은혜 대신 재능을, 경건 대신 웅변을, 계시 대신 수사법을, 거룩함 대신 평판과 명성을 내세우는 좋지 못한 취향을 길러 왔다.

그리하여 우리는 설교의 참뜻을 상실하고 설교의 능력

을 잃었고, 죄에 대한 사무치는 깨달음도 잊어버렸고 풍부한 체험과 높은 인격도 잃어버리고, 참된 설교의 변함없는 결과인 양심과 삶에 대한 권위를 상실했다. 설교자들이 지나치게 많이 연구한다는 말이 아니다. 일부 설교자는 전혀 연구를 하지 않고, 일부는 충분히 공부하지 않는다.

많은 설교자들은 하나님의 일꾼으로 인정받을 만큼 공부하지 않는다. 그러나 우리의 가장 큰 결함은 머리를 준비하는 일이 아니라 마음을 준비하는 일이다. 지식의 부족이 아니라 거룩의 부족이 우리가 안타까워해야 할 결함이다. 너무 많이 아는 것이 문제라는 것이 아니다. 오히려 하나님과 그 말씀을 묵상하고 금식하며 기도하는 일을 충분히 하지 않는 것이 문제인 것이다.

우리 설교의 큰 문제는 마음이다. 하나님의 진리를 품은 말씀은 우리 마음에서 영적 부도체를 만난다. 그리하여 그 말씀은 옴짝달싹 못하고 힘없이 땅에 떨어지고 만다. 자리와 찬사에 눈이 어두운 야욕이 몸소 자기를 낮추어 종의 형태를 취하시고 명성을 등지신 이의 복음을 전할 수 있을까? 교만하고 허영에 가득 찬 자기중심주의자가 온유하고 겸손하신 이의 복음을 전할 수 있을까? 성미가 까다롭고 감정적이며 이기적이고 모질고 세상적인 인간이, 오래 참음과 자기 부정과 온유함을 지님으로 세상 사랑을 버리고 세상에 대해 죽기를 요구하는 이의 삶의 원리를 전할 수 있을까? 사무적이며 마음이 결여된 고용인이 선한 목자로 양들을 위해서 자기 목숨을 바친 이의 복음을 전할 수 있을까?

돈이라면 사족을 못 쓰는 사람이 자신의 마음을 추스르고 "나는 재물을 똥과 쓰레기로 간주해 발로 짓밟는다. 나(아직은 내가 아니라, 내 안에 계신 하나님의 은혜)는 재물을 한갓 거리의 진창으로 여긴다. 그래서 바라지도, 추구하지도 않는다."라는 웨슬리의 고백에 나타난 그리스도와 바울의 정신으로 말하지 않으면서 복음을 전할 수 있을까?

하나님의 계시는 인간의 두뇌나 명철한 사상, 또는 뛰어난 교양을 필요로 하지 않는다. 오직 단순함과 유순함, 겸손, 어린아이의 믿음만이 요구될 뿐이다. 바울을 사도들 중에서 출중하게 한 것은 지식과 재능을 거룩하고 성스러운 능력에 굴복시키고 따르게 했기 때문이었다. 웨슬리 또한 그와 같이 하여 능력을 얻었다.

우리에게 가장 필요한 것은 마음의 준비다. 루터는 "기도를 잘한 자는 연구를 잘한 것이다."를 좌우명으로 삼았다. 물론 우리의 지력을 이용하거나 생각을 하지 말아야 된다는 말은 아니다. 다만 마음을 가장 잘 가꾸는 자가 자신의 머리를 가장 잘 사용한다는 말이다. 설교자가 연구자가 되어서는 안 된다는 것이 아니다. 오히려 제일 역점을 두어야 할 것은 성경이며, 마음을 부지런함으로 지키는 자가 성경을 가장 잘 연구한다. 설교자가 인간을 알아서는 안 된다는 것이 아니다. 오히려 자기 마음의 복잡 미묘함과 깊이를 살피는 자가 인간의 본성을 더 잘 안다. 설교의 통로는 머리이지만, 그 원천은 마음이라는 것을 말하는 것이다. 통로를 깊고 넓게 했을지라도 원천의 깊이와 청결함을 잘 살피지 않으면 메마르고 오염된 통로가 되어 버린다. 우리는, 보통 정도의 지능을 가진 사람이라면 거의 다 복음을 전파할 수 있다고 말한다. 그러나 그렇게 할 수 있는 은혜를 가진 사람은 별로 없다.

자신의 마음과 끊임없이 싸우며 다스리게 된 사람, 그 마음에 겸손, 믿음, 사랑, 진리, 자비, 동정, 용기를 가르친 사람, 그렇게 훈련된 풍성한 보석 같은 마음을 복음의 능력과 함께 당당한 지성을 통하여 듣는 사람의 양심에 부어줄 수 있는 사람, 이런 사람이 주님 보시기에 가장 진실한 설교자가 될 수 있다.

13장

머리가 아니라
마음으로부터 오는 은혜

머리가 아니라 마음으로부터 오는 은혜

뛰어난 설교자가 되기 위한 공부는 하지 마라. 여리고가 믿음의 양각 나팔소리에 무너졌듯이 설교의 첫 번째는 믿음의 확신이라는 요소이다. 두 번째는 항상 축복하는 설교자의 은혜다. 예수님은 무엇이든 그것이 빵부스러기나 딱딱한 껍질과 같은 하찮고 볼품없는 것일지라도 원하는 자에게 축복하여 주셨다. 설교자의 입술은 속 깊은 가슴의 사랑을 따라 성령의 감동이 샘물처럼 흘러넘쳐야 한다. 무엇보다도 설교하거나 말할 때, 혹은 글을 쓸 때 논쟁은 일절 피하라. 설교할 때 아래로는 사탄만을, 위로는 예수 그리스도만을 말하라.

_베리지

Power through Prayer

chapter 13

마음은 이 세상의 구원자다. 머리는 구원하지 못한다. 천재성, 두뇌, 명철, 능력, 천부적인 재능 등은 결코 구원할 수 없다. 복음은 마음을 통해서 흐른다. 가장 강력한 힘은 모두 다 마음의 힘이다. 가장 향기롭고 달콤한 은총은 모두 다 마음의 은총이다. 위대한 마음이 위대한 인격이다. 위대한 마음이 거룩한 성품이다. 하나님은 사랑이시다. 사랑보다 위대한 것은 없고, 하나님보다 위대한 것은 없다. 마음이 천국을 만들고, 천국은 사랑이다. 천국보다 높고, 천국보다 달콤한 것은 없다. 하나님의 위대한 전도자는 두뇌가 아니라 마음이 만든다. 마음은 신앙생활의 모든 면에서 중요하다. 그러므로 마음이 강단에서 말해야 한다. 마음이 회중석에서 들어야 한다. 사실 우리는 마음으로 하나님을 섬긴다. 머리의 섬김은 천국에 상달되지 못한다.

강단에서 사역자들이 흔히 저지르는 심각한 잘못은 설교에 마음을 담기보다는 지식을, 기도보다는 사상을 더 담으려고 하는 것이다. 큰 마음이 큰 설교자를 만든다. 좋은 마음이 좋은 설교자를 만든다. 마음을 갈고 가꾸는 신학교가 복음을 위해 가장 절실히 필요하다. 목사는 자신의 마음을 사용하여 교인들을 자기에게 묶고 다스린다. 교인들이 목사의 은사에 경탄하고, 목사의 능력을 자랑하고, 목사의 설교에 얼마동안 감동할 수도 있다. 그러나 목사의 능력의 요새는 바로 그의 마음이다. 그의 권능은 사랑이어야 하고 그의 능력의 왕좌는 마음이 되어야 한다.

선한 목자 예수께서는 양들을 위해 자기 목숨을 버리셨다. 머리는 결코 순교자가 될 수 없다. 사랑과 충성을 위해 목숨을 버리는 것은 마음인 것이다. 충성된 목사가 되기 위해서는 큰 용기가 필요하다. 그러나 이런 용기를 주는 것은 오직 마음뿐이다. 재능과 천재성으로도 용감해질 수 있지만 진정한 용기는 머리가 아닌 마음에서 나온다.

마음을 준비하기보다는 머리를 준비하기가 더 쉽다. 마

음의 설교보다 두뇌의 설교가 더 쉽다. 그러나 하나님의 아들을 하늘에서 모셔 내리는 것은 마음이다. 사람을 천국으로 이끌어가는 것도 마음이다. 세상이 필요로 하는 것은 우는 자와 함께 울고, 슬퍼하는 자에게 입맞추며, 비참한 자를 불쌍히 여기며, 아픈 자를 쓰다듬어 주는 마음을 가진 사람이다. 그리스도는 슬픔을 잘 아는 분이었다. 그는 탁월한 마음의 사람이었기 때문이다.

"네 마음을 내게 달라."는 하나님이 사람에게 요구하시는 것이요, "당신의 마음을 내게 주시오."는 사람이 사람에게 요구하는 것이다.

직업적으로 하는 목회는 마음이 없는 목회다. 목회가 돈에 휘둘리면 마음은 설 자리가 없다. 설교를 일로 삼으면서도 마음을 쏟지 않을 수 있다. 설교에서 자아를 전면에 내세우면 마음은 뒷전으로 밀린다. 마음으로 씨를 뿌리지 않는 사람은 결코 하나님을 위한 추수를 할 수 없다. 골방은 마음의 공부방이다. 그곳에서 설교하는 법을 배우며 설교할 내용을 배운다. 그곳에서 배우는 것이 도서관에서 배우는 것보다 많다. "예수께서 눈물을 흘리시더라"(요 11:35). 이는 아주 짧으면서도 정말 위대한 성경 구절이다. 예수님은 (거창한 설교를 하면서가 아니라) 울면서 씨를 뿌리러 나가서 기쁨으로 그 곡식 단을 가지고 돌아올 것이다(시 126:6).

기도는 분별력을 주며, 지혜를 주며, 지성을 넓혀 주며, 강하게 해 준다. 골방은 설교자에게 완벽한 교사요, 교실이다. 생각은 기도를 통해서 밝아지며 명료해질 뿐 아니라, 참된 생각은 기도에서 비롯된다. 진실한 한 시간의 기도에서 배울 수 있는 것이 서재에서 몇 시간 배우는 것보다 많다. 다른 어느 곳에서도 찾을 수 없고 읽을 수 없는 책이 골방에 있다. 다른 어느 곳에서도 내리지 않는 계시가 골방에서 내린다.

14장

거룩한 기름부으심이 필요하다

거룩한 기름부으심이 필요하다

❧

개인 기도가 사역에 가져다주는 빛나는 축복 하나는 말로 형언할 수 없고 글로 기록할 수도 없는 성령의 기름부으심이다. 만일 우리가 받은 그 기름부으심이 만군의 주로부터 오지 않는다면, 우리는 스스로를 속이는 것이다. 기름부으심은 오직 기도를 통해서만 얻을 수 있기 때문이다. 우리는 순간순간, 그리고 쉬임없이 뜨거운 간구를 드려야 한다. 우리의 양털이 하늘의 이슬로 젖을 때까지 간구의 타작 마당에 깔아 두어야 한다.

_찰스 스펄전

Power through Prayer

chapter 14

웨슬리 시대에 살았던 기독교 철학자요, 웨슬리의 개인적인 친구였던 알렉산더 녹스는 비록 그의 지지자는 아니었으나 웨슬리의 운동에 공감하였다.

"이상하고 안타까운 일이지만 영국에서는 감리교도들이나 감리교 목사들을 제외하고는 설교에 관심을 가진 사람들이 별로 없다. 거의 전반적으로 성직자들은 설교의 기술을 완전히 잃어버렸다. 내 생각에는, 도덕 세계의 큰 법칙에는 화학의 친화성같이 올바로 전파된 종교 진리와 인간 지성의 깊은 감정 사이에 일종의 비밀스러운 이해가 있는 것 같다. 전자가 적절하게 제시되면 후자는 절로 반응을 보이기 마련이다. '우리 속에서 마음이 뜨겁지 아니하더냐? -그러나 이 경건한 감정은 설교자에게 없어서는 안 될 것이다. 이제 나는 나 자신이 직접 관찰한 것을 근거로 이 기름부으심은 어떤 것과도 비교할 수 없으며, 영국에서 교구 교회보다는 감리교 비밀 집회소에서 발견될 가능성이 높다고 말할 수밖에 없다. 이것은, 아니 오직 이것만이 감리교를 충만하게 하고 국교회를 빈약하게 하는 것이다. 나는 결코 열성파가 아니라고 생각한다. 나는 지극히 진지하고 성실한 국교도요, 헤일과 보일파, 버넷과 레이턴파를 겸허히 추종하는 사람이다. 그러나 내가 확언하건대 2년 전 내가 이 나라에 있을 때는 감리교파에 해당되는 사람만큼 나 자신을 꿰뚫어보고 가르치는 설교자를 한 사람도 보지 못했다. 지금 나는 다른 교파에서 마음을 꿰뚫어보는 교훈을 얻을 것을 전혀 기대하지 않는다. 감리교 설교자들(물론 내가 그들의 표현을 모두 다 찬성하는 것은 아니다)은 이 진실한 신앙을 가장 확신 있게 전하며, 오염되지 않았다. 나는 지난 주일 진정한 기쁨을 느꼈다. 나는 설교자가 진리의 말씀과 진지함을 동시에 전했다고 증거할 수 있다. 유창함은 없었다. 그 정직한 사람은 그런 것은 전혀 바라지도 않았다. 그러나 그것보다 훨씬 더 좋은 것이 있었다. 그것은 살아 있는 진리를 정중하게 전하는 것이었다. 살아 있다고 말하는 것은 그 설교자가 다른 사람들에게 선포한 대로 살아가고 있는 것이라고 느끼지 않을 수 없었기 때문이다."

이 기름부으심이 설교의 기술이다. 이런 기름부으심을 얻지 못한 설교자는 설교의 기술을 습득하지 못한 설교자이다. 이 기름부으심을 잃은 설교자는 설교의 기술을 잃어버린 사람이다. 그가 어떤 기술-설교 작성법, 웅변술, 위대하고 명쾌한 사고법, 청중을 감동시키는 법 등-을 배우고 또 가지고 있다 할지라도, 그는 거룩한 설교 기술을 잃어버린 것이다. 이 기름부으심이 하나님의 진리를 능력있게 하고 흥미있게 하고, 관심을 끌고, 마음을 얻고, 교육하고, 죄를 깨닫게 하고, 구원에 이르게 한다. 이 기름부으심은 계시된 하나님의 진리에 생명력을 주어 살아 있게 하고 생명을 주게 한다. 이런 기름부으심 없이 선포된 하나님의 말씀도 빛이지만 죽은 빛이요 죽게 만드는 것이다. 진리가 많이 포함되어 있으며, 사상이 심오하고, 반짝이는 수사가 있으며, 논리 정연하고, 진지하여 힘이 있다 할지라도, 이 신성한 기름부으심이 없으면 생명이 아닌 죽음을 낳게 된다.

스펄전은 이렇게 말한다.

"우리가 얼마나 오랫동안 지혜를 짜내야 기름부으심 받은 설교가 어떤 것이라고 말로 표현할 수 있는지 모르겠다. 그렇지만 설교하는 사람은 그런 것이 있음을 안다. 그리고 설교를 듣는 사람은 기름부으심 받지 못한 설교를 알아낸다. 기근 상태에 있는 사마리아는 기름부으심이 없는 설교를 잘 나타내 준다. 기름진 것과 골수로 풍성한 예루살렘은 기름부으심으로 풍성해진 설교를 나타낸다. 이른 아침, 영롱한 진주가 풀잎 끝에 있을 때의 그 신선함은 누구나 안다. 그러나 누가 그것을 묘사할 수 있겠으며, 더구나 그것을 만들어 낼 사람이 어디 있겠는가? 이것이 영적 기름부으심의 신비다. 하지만 다른 이에게는 그것이 무엇인지 설명하지 못한다. 그것을 거짓되이 꾸며 말하기는 쉽지만 어리석은 일이다. 기름부으심은 결코 인간이 창조해 낼 수 없는 것이며 그것을 거짓되이 꾸며내는 것은 쓸모없는 정도가 아니라 지극히 나쁜 것이다. 그렇지만 그것은 극히 귀중하며, 신자들을 가르칠 때나 죄인을 그리스도께 인도하기 위해서는 한없이 필요한 것이다."

15장

기름부으심이 맺는 열매

기름부으심이 맺는 열매

오직 영혼만을 위하여 설교하라. 죄와 불신앙으로 가득한 백 마디의 말보다 당신의 내면에 깊은 신앙과 양심에서 우러나오는 한 마디의 영적인 말이 더 능력 있음을 모른단 말인가? 설교는 사람이 아닌, 하나님의 영광을 위한 것임을 꼭 명심하라. 만일 당신의 설교가 세상이 주는 유익으로 가득하다면 우리는 하나님의 자녀들이 얼마나 많은 기도 응답을 받았는지 알게 될 것이다.
_로버트 머레이 맥체인

Power through Prayer

chapter 15

기름부으심은 정의할 수 없고 설명할 수 없는 것이기에 한 유명한 스코틀랜드의 노 설교자는 이렇게 말했다.

"설교에는 때로 말하거나 표현할 수도 없고 또 무엇이라고 설명할 수 없는 무엇이 있다. 그것이 어디서 오는 것인지는 모르나 달콤한 힘으로 마음과 느낌을 뚫고 들어오며, 하나님으로부터 직접적으로 온다. 만일 그런 것을 얻을 수 있는 방법이 있다면 그것은 설교자의 하늘에 속한 성품을 통하는 것뿐이다."

우리는 이것을 기름부으심이라 한다. 하나님의 말씀으

로 하여금 "살았고 운동력이 있어 좌우에 날선 어떤 검보다도 예리하여 혼과 영과 및 관절과 골수를 찔러 쪼개기까지 하며 또 마음의 생각과 뜻을 감찰"(히 4:12)하게 하는 것이 바로 기름부으심이다. 설교자의 말이 급소를 찌르고 예리하며 능력이 있게 하는 것이 이 기름부으심이다. 또 수많은 죽은 회중들에게 갈등과 자극을 주는 것도 이 기름부으심이다. 조문의 엄격함으로 이와 같은 진리를 말할 수 있고, 인간의 기름으로 매끄럽게 할 수 있다. 그러나 생명의 조짐도 나타나지 않고 심장의 박동도 없다. 그저 무덤처럼 고요함만 흐르고 죽어 있을 뿐이다

그러나 같은 설교자가 기름부으심의 세례를 받아 거룩한 영감이 그에게 임하면, 말씀이 이 신비한 능력에 의해 빛이 나고 불이 붙고, 생명의-영접하는 생명 아니면 거역하는 생명의-고동침이 시작된다. 기름부으심이 양심에 찔림을 주고 가슴을 찢어놓는 것이다. 이 거룩한 기름부으심은 참된 복음 설교와 그 외의 많은 진리 제시 방법을 구별하게 하며, 또 기름부으심이 있는 설교자와 없는 설교자 사이에 커다란 영적 간격을 만들어 낸다. 그것은 계시된 진리를 하나님의 모든 능력으로 지지하고 유지해 준다. 기름부으심은 바로 하나님을 그분의 말씀과 설교자에

게 임하게 하는 것이다.

강하고 위대한 기도와 지속적인 기도를 통하여 기름부으심은 설교자에게 모든 능력으로 임한다. 기름부으심은 설교자의 지성에 영감과 명석함을 주고 통찰력과 이해력, 투사력을 준다. 그것은 설교자에게 머리의 능력보다 위대한 마음의 능력을 준다. 이 기름부으심을 통해 섬세함과 정결함과 능력이 마음으로부터 흘러나오게 된다. 생각의 넓음과 자유, 풍성함, 말의 직설성과 단순성이 이 기름부으심의 열매이다.

흔히 진지함을 기름부으심으로 오해하는 경향이 있다. 거룩한 기름부으심이 있는 사람은 모든 일의 영적인 면에 진지하지만, 기름부으심이 전혀 없는 사람도 매우 진지할 수는 있다. 어떤 면에서는 진지함과 기름부으심이 유사하게 보일 수 있다. 진지함이 쉽게, 분별없이 또는 실수로 기름부으심을 대신할 수 있다. 이를 분별하기 위해서는 영적인 눈과 식별력이 필요하다. 진지함은 물론 성실하고, 신중하며, 열렬하고, 끈기 있을 수 있다. 그것은 선한 뜻으로 어떤 일을 대하며, 끈기 있게 그것을 추구하고, 열심을 가지며, 힘을 들인다. 그러나 이 모든 것들은 전혀 인간의 한계를 벗어나지 못한다. 그 안에는 인간이 도사리고 앉아 있다. 즉, 인간이 가질 수 있는 모든 것, 곧 의지와 마음, 두뇌와 지혜, 계획과 노력, 언어 등 갖가지 인간적인 것이 포함된다.

그는 그를 주관해 온 어떤 목적에 자기 자신을 바치고 그 목적을 위해 계속 정진한다. 그 안에는 하나님이 전혀 없을 수도 있고, 조금 있을 수도 있다. 그 안에는 인간이 많이 차지하고 있기 때문이다. 그의 진지한 목적을 옹호하는 간청을 할 수도 있다. 그 간청은 즐거움을 주거나 감동을 주거나 압도할 수도 있다. 그러나 이 모든 진지함에는 세상적인 방법이 병행되어, 인간의 힘으로만 추진되고, 그 제단은 세상의 손으로 만들어지며, 그 불도 세상의 불씨로 지펴진다.

자신이 추구하는 목적이나 이상에 적합하게 성경을 인용하는 어떤 재능이 많은 유명한 설교자를 놓고 "그는 자신의 주해에 유창한 사람으로 성장하고 있다."고 평하는 말을 들었다. 이처럼 인간은 자신의 계획이나 활동에 대해 아주 진지할 수 있다. 진지함은 위장된 이기심일 수 있는 것이다.

기름부으심은 어떤가? 그것은 정의내릴 수는 없지만 설교가 설교되게 하는 것이다. 그것은 단순한 인간의 연설과 설교를 구별되고 차별되게 하는 것이다. 그것은 설교에 있는 영적인 것이다. 그것은 날카로움이 필요한 자에게 설교를 날카롭게 해 주는 것이다. 그것은 새롭게 될 필요가 있는 사람에게는 이슬처럼 맺히는 것이다. 그래서 이렇게 설명할 수 있다.

하늘에서 담금질한 좌우에 날선 예리한 검이다.
그래서 그 칼이 스치고 지나가면
그 상처가 갑절이 된다.
죄에게는 죽음을,
죄로 인해 애통하는 모든 자에게는 생명을 준다.
그것은 싸움을 붙이고 잠잠하게 하며,
마음에 전쟁을 일으켰고 평화를 이루어준다."

이 기름부으심은 서재가 아니라 골방에서 온다. 그것은 기도응답으로 주어지는 하늘의 이슬이다. 그것은 성령의 가장 감미로운 호흡이다. 그것은 주입시키고, 충만하게 하며, 부드럽게 하며, 스며들게 하며, 잘라내고, 위로한다. 그것은 말씀을 다이너마이트처럼, 소금처럼, 설탕처럼 전해 준다. 또 그것은 말씀을 달래는 자가 되게 하고, 책망하는 자가 되게 하고, 드러내는 자가 되게 하고, 조사하는 자가 되게 하여 듣는 자로 하여금 범죄자 또는 성도가 되게 하며, 어린아이처럼 울게 만들고 거인처럼 살게 만들고, 마음과 지갑을 열기를 마치 봄이 새싹의 길을 열어 주듯 한다.

이 기름부으심은 천재에게 주어진 은사가 아니다. 또 학문의 전당에서 나오는 것도 아니다. 어떤 웅변도 그것을 불러낼 수 없다. 아무리 근면해도 그것을 벌 수 없다. 어떤 고위 성직자도 그것을 수여할 수 없다. 그것은 하나님의 선물이다. 하나님이 자기의 사자에게 주시는 인장인 것이다. 그것은 수많은 시간 동안 눈물을 흘리며 씨름하는 기도를 통해서 부음받은 것으로, 택함받은 용감하고 참된 자에게 주시는 천국의 기사 작위인 것이다.

진지함은 선하고 인상적이다. 천재는 재능이 뛰어나고 훌륭하다. 사상은 진리를 밝혀 주고 마음을 감화시킨다. 그러나 죄의 사슬을 끊고, 하나님과 원수된 자, 마음이 부패한 자를 하나님께로 이끌고, 불화를 치유하고 교회를 본래의 정결하고 능력 있는 상태로 회복하기 위해서는 진지함이나 천재나 사상보다 더 강한 능력이 필요하다. 바로 거룩한 기름부으심인 것이다. 다른 어느 것도 안 된다. 거룩한 기름부으심만 가능하다.

16장

끊임없는 기도로
기름부으심을 받으라

끊임없는 기도로 기름부으심을 받으라

∞

만일 기름부으심을 받지 않으면 모든 목사들이 기울이는 노력은 헛되거나 헛됨보다 더 쓸모가 없을 것이다. 기름부으심은 목회자들이 갖추어야 할 여러 가지 중에서 참된 목회자임을 증명하는 증명서와 같다. 기름부으심은 하늘로부터 내려와 그들의 사역을 주님의 향기로 흘러넘치게 한다. 그러므로 목회자들은 성경의 모든 내용을 하나님의 말씀과 기도로 설교해야 한다.

_리처드 세실

Power through Prayer
chapter 16

기독교에서 기름부으심이란 성령의 기름부으심을 뜻하는 것으로, 이는 하나님의 일을 위해 성도를 구별하여 그 일을 감당할 자격을 갖추게 하는 것이다. 이 기름부으심은 유일한 영적 능력 부여로 이것으로 인하여 설교자가 설교의 독특한 목적을 달성하게 된다. 이 기름부으심이 없이는 진정한 영적 결과를 얻을 수 없고, 그러한 설교의 결과와 능력은 성결되지 않은 연설보다 나을 게 없다. 기름부으심 없이도 설교는 강단만큼은 유능할 수 있기 때문이다.

설교자에게 이루어진 이 거룩한 기름부으심은 하나님의 말씀을 통하여 복음으로부터 흘러나오는 영적 결과

를 낮게 한다. 그러나 이 기름부으심이 없이는 이러한 결과가 없다. 인상적인 설교는 많이 이루어질 수 있으나 이런 것들은 모두 복음 설교의 목적과는 거리가 멀다. 이 기름부으심을 그럴듯하게 흉내낼 수도 있다. 기름부으심처럼 보이는 것들도 많다. 비슷한 결과들도 많다. 그러나 그것들은 결과와 본질 면에서 기름부으심과는 전혀 다르다. 열정이나 감정에 호소하는 설교에 의한 열기나 상쾌함이 거룩한 기름부으심의 역사처럼 보일 수도 있다. 그러나 그것들은 찌르고 꿰뚫으며, 가슴을 찢게 하는 힘이 없다. 이 표면적이며 감상적이고 감정적인 행위에는 결코 마음을 고치는 기름이 없는 것이다. 근본적인 힘도 없고, 죄를 찾아낼 수도, 죄를 치료할 수도 없는 것이다.

이 거룩한 기름부으심은 참된 복음 설교를, 다른 모든 진리 제시 방법들과 구별되게 하는 특징이다. 이것은 계시된 진리를 하나님의 모든 능력으로 뒷받침하고 관통한다. 그것은 말씀을 조명하고 지력을 넓히고 풍부하게 하여 말씀을 파악하고 이해하게 한다. 그것은 설교자의 마음을 준비시켜서, 최고의 결과를 얻는 데 필요한 부드럽고 성결하며 힘차고 밝은 상태를 가지게 한다. 이 기름부으심은 설교자의 영혼과 생각을 자유롭게 하고 넓어지게 하여 다른 수단으로는 얻을 수 없는 자유와 충만함과 언어의 직설성을 갖게 한다.

설교자에게 기름부으심이 없으면 복음의 전파능력이 다른 진리들보다 뛰어날 수가 없다. 이 기름부으심은 복음이 거룩하다는 증거다. 설교자가 기름부으심을 받으면 하나님이 복음 안에 계시게 된다. 기름부으심이 없으면 하나님이 그 안에 계시지 않으며, 복음은 인간의 두뇌와 흥미 또는 재능이 그 주장을 강요하고 가르치기 위하여 고안해 낸 저급하고 불만족스러운 것으로 전락한다.

강단에서 가장 흔히 실패하는 것이 바로 이 점이다. 가장 중요한 이 점에서 잘못하는 것이다. 학식이 있을 수도 있고, 명석함과 웅변이 매력과 즐거움을 줄 수도 있고, 획기적인 일이나 조금 덜 거슬리는 달콤한 방법이 청중의 인기를 모을 수도 있고, 정신력이 진리에 대한 강한 인상과 기억을 심어줄 수도 있다. 그러나 이 기름부으심이 없으면 이 모든 것은 한낱 바닷가에서 일어나는 파문의 하나일 뿐이다. 물거품과 파문은 생겼다가 스러진다. 그러나 바위는 미동도 없이 그대로 있다. 마찬가지로 이런 인간적인 노력으로는 결코 인간의 마음에서 죄와 강퍅함을 제거할 수 없다.

이 기름부으심은 성별케 하는 능력이다. 기름부으심이 있다는 것은 성별이 지속된다는 표시이다. 그가 하나님과 자기 사역을 위해 성별되기 위해서는 이 거룩한 기름부으심이 있어야 한다. 다른 영향력과 동기들이 그를 사역으로 부르겠지만 오직 이것만이 성별되게 한다. 성령의 능력으로 하나님의 일을 위해 구별되는 것이 하나님께서 합당한 것으로 인정하시는 유일한 성별이다.

기름부으심, 거룩한 기름부으심, 이 하늘의 기름부으심은 강단이 필요로 하는 것이며, 반드시 가져야 하는 것이다. 하나님의 손에 의해 주어진 이 거룩한 하늘의 기름부으심은 전인(마음, 머리, 영혼)을 부드럽게 하고 매끄럽게 하여 마침내 그를 세상적, 세속적, 이기적 동기와 목표들로부터 철저하게 분리시키고, 순결하고 하나님 닮은 모든 것에 합당하게 만든다.

설교자에게 이 기름부으심이 있으면 수많은 회중을 움직이고 갈등하게 할 수 있다. 동일한 진리를 조문의 엄격함으로 전할 수도 있지만 아무 감동도 고통도 격동도 일어나지 않는다. 모든 것이 공동묘지처럼 고요할 뿐이다.

기름부으심 받은 설교자에게는 신비한 힘이 있다. 말씀의 문자 하나하나가 성령의 검증을 받았기 때문에 강력한 움직임이 느껴진다. 양심을 억누르고 휘저으며 가슴을 찢어놓는다. 반대로 기름부으심이 없는 설교는 모든 것을 딱딱하고 건조하고 죽게 만든다.

이 기름부으심은 한낱 추억거리나 지나간 옛 시대의 것이 아니요, 현재적이며 현실적이고 의식할 수 있는 사실이다. 그것은 설교자의 설교뿐 아니라 그 자신의 경험에 속하는 것이다. 그것은 설교자를 그의 거룩한 주인의 형상으로 변화시키며, 또한 그 능력을 힘입어 그리스도의 진리를 능력 있게 선포할 수 있게 한다. 기름부으심은 목회에 심히 큰 능력이 되기 때문에, 그것이 없으면 그 외의 모든 것은 약하고 헛된 것으로 보인다. 그리고 그것이 있으면 다른 모든 것이 없거나 약하더라도 그것을 상쇄하고도 남는다.

이 기름부으심은 한 번 받으면 영원히 있는 선물이 아니다. 그것은 조건부 선물이다. 그것은 처음에 받을 때와 같은 과정에 의하여 계속되고 증가된다. 끊임없는 기도와 하나님을 향한 간절한 소망, 그리고 그것을 귀하게 여겨서 지칠 줄 모르는 열심으로 추구하고, 그것이 없는 다른 모든 것은 실패와 배설물로 여기는 자세가 이 기름부으심을 계속 유지하는 길이다.

설교에 임하는 기름부으심은 기도, 많은 기도로부터 온다. 기름부으심을 유지하는 유일한 조건 역시 기도, 많은 기도다. 끊임없는 기도 없이는 성령의 기름부으심은 결코 임하지 않는다. 인내하는 기도가 없다면 때 지난 만나처럼 벌레가 생길 뿐이다.

17장

영적 리더십의 표시인 기도

영적 리더십의 표시인 기도

오직 죄 외에는 아무것도 두려워하지 않고, 오직 하나님 외에는 아무것도 갈망하지 않는 설교자 백 명을 나에게 달라. 그들이 성직자이든 평신도이든 전혀 관계 없다. 그런 사람만이 지옥의 문을 뒤흔들고 천국을 지상에 건설한다. 하나님께서는 오직 기도 응답을 통해서 일하신다.
_존 웨슬리

Power through Prayer

chapter 17

사도들은 자기들의 사역에서 기도의 필요성과 가치를 알았다. 그들은 사도로서 그들의 중대한 사명을 알고, 기도의 필요성을 소홀히 하는 대신 오히려 그것을 더 긴급한 필요로 알고 기도에 매달렸다. 그들은 다른 중요한 일들이 그들의 시간을 빼앗아 마땅히 기도할 만큼 기도하지 못하게 될까봐 깊은 관심을 기울였다. 그들은 방해받지 않고 "오로지 기도하는 일과 말씀 사역"(행 6:4)에 힘쓰기 위하여 평신도를 지명하여 가난한 사람들을 돌보는 미묘하고 신경 쓰이게 하는 일들을 담당하게 했다(행 6:4).

그들은 기도를 첫자리에 두었다. 그리고 기도와 그들

과의 관계를 가장 중시하였다. 기도에 자신을 드려 기도를 일로 삼았으며 기도에 열정과 긴급성과 인내와 시간을 부여했다. 믿음이 깊고 사도적인 인물들은 얼마나 기도에 전념했던가! 바울은 "주야로 심히 간구"(살전 3:10)했다고 하였다. "우리는 오로지 기도하는 일과 말씀 사역에 힘쓰리라"(행 6:4)는 말은 한결같은 사도들의 마음이었다. 신약성경의 설교자들은 하나님의 백성을 위한 기도에 얼마나 자신을 드렸던가! 그들은 기도를 통해 하나님께서 그들의 교회에 전적으로 역사하시도록 하였다. 이들 사도들은 자신들이 하나님의 말씀을 성실하게 전달함으로써 그 고귀한 사명을 감당할 수 있으리라는 헛된 생각을 하지 않았다. 오히려 그들의 설교가 끈질긴 기도의 향기로 뒷받침되도록 했다. 사도의 기도는 사도의 설교에 있어서 절대적인 것으로 의무요 애써야 할 일이었던 것이다. 그들은 밤낮을 가리지 않고 힘써 기도하여 사람들이 믿음과 성결에 있어서 최고의 위치에 도달하도록 하였다. 그리고 더욱더 힘써 기도하여 그들의 영적 수준을 높이 유지하도록 하였다. 그리스도의 학교에서 자기 교인들을 위해 중보하는 그 귀하고 성스러운 기술을 배우지 못한 설교자는 설교의 기술을 결코 배울 수가 없다. 설교의 권위자로 인정받거나 설교 작성과 전달에 뛰어난 재능이 있더라도 말이다.

사도 같고 성자 같은 지도자들의 기도는 사도가 아닌 사람들을 성도로 만드는 데 지대한 역할을 한다. 만일 교회의 지도자들이, 사도들이 그랬던 것처럼 오랫동안 자기 교인들을 위하여 기도하는 일에 특별히 관심을 기울여 열심히 기도했다면, 세상적이고 배도적인 흑암의 시기가 역사를 얼룩지게 하지 않았을 것이고 교회의 영광을 가리고 교회의 발전을 가로막는 일이 일어나지 않았을 것이다. 사도적 기도는 사도적 성도를 만들고, 교회의 순결성과 능력이 사도 시대와 같게 만든다.

다른 사람을 위해서 중보기도 하는 사람이 된다는 것, 이것은 얼마나 고귀한 영혼이 필요하며, 얼마나 순결하고 고상한 동기가 필요하며, 얼마나 비이기적이며 자기 희생적이어야 하며, 얼마나 철저히 수고해야 하며, 얼마나 아름다운 영혼과 거룩한 지혜를 필요로 하는 일인가!

설교자는 사람들을 위해 기도하는 일에 자신을 내어놓아야 한다. 그들이 단순히 구원받을 수 있게 하기 위해서가 아니라 그들이 강력하게 구원받기 위해서이다. 사도들은 자신들의 시야가 완전해지기 위해서 기도에 자신을 드렸다. 그것은 그들이 하나님의 것을 약간 맛보기 위한 것이 아니라 "하나님의 모든 충만하신 것으로 충만하게 되기를"(엡 3:19) 원해서였다.

바울은 이를 위해서 자신의 사도적 설교에만 의지하지 않고 "우리 주 예수 그리스도의 아버지 앞에 무릎을 꿇고 빌었다"(엡 3:14-15). 바울이 전도하여 얻은 회심자들을 고귀한 성도의 길에 들어서게 한 것은 바울의 설교라기보다는 그의 기도였다. 에바브라도 그의 설교보다는 기도로 골로새 성도들을 위해 더 많은 일을 했다. 그는 항상 간절한 기도로 골로새인들이 "하나님의 모든 뜻 가운데서 완전하고 확신 있게 서기를"(골 4:12) 구했다.

설교자들은 무엇보다도 하나님의 지도자들이다. 그들은 교회의 영적 건강에 대한 일차적인 책임이 있다. 그들은 교회의 분위기와 성격을 만들고 교회 생활의 방향을 제시한다. 거의 모든 것들이 이들 설교자들에 의하여 좌우된다. 그들은 시대와 제도를 만든다. 교회는 신적인 것으로 그 안에 들어 있는 보화는 천국의 것이다. 그러나 그것은 인간의 흔적을 가지고 있다. 그 보화는 흙으로 만든 그릇에 담겨 있다. 하나님의 교회는 지도자들을 만들거나 그 지도자들에 의해 만들어진다. 교회가 지도자들을 만들든 교회의 지도자들이 교회를 만들든, 교회는 지도자들이 어떤가에 달려 있다. 지도자들이 영적이면 교회가 영적일 것이요, 지도자들이 세속적이면 교회가 세속적일 것이요, 지도자들이 뭉치면 교회도 뭉칠 것이다.

이스라엘의 왕들은 이스라엘의 경건성을 결정했다. 교회는 그 지도자들의 신앙을 좀처럼 넘어설 수 없다. 영적으로 강한 교회 지도자들, 거룩한 힘이 있는 사람이 지도자로 있는 것은 하나님의 은총이 있다는 증거다. 재앙과 연약함은 연약하고 세상적인 지도자들이 있을 때 따라오는 것이다.

하나님이 아이들로 왕이 되게 하시고 아이들로 다스리게 하셨을 때 이스라엘은 낮아지게 되었다. 아이들이 하나님의 이스라엘을 억압하고 원수들이 이스라엘을 다스릴 때 선지자들은 행복한 상태를 예언하지 않았다. 영적인 지도자가 있는 시대가 곧 교회의 영적인 번영이 있는 시대인 것이다.

기도는 영적으로 강건한 지도자의 뚜렷한 특징이다. 능력 있는 기도의 사람은 능력 있는 사람들이며 일을 이루어내는 사람이다. 그들이 하나님께로부터 받는 능력이 승리의 동력이다.

골방에서 하나님께로부터 신선한 메시지를 받지 못하는 사람이 어떻게 설교할 수 있을까? 자신의 믿음이 생기를 얻지 않고, 그의 비전이 밝아지지 않고, 그의 마음이 은밀한 하나님과의 교제를 통하여 뜨거워지지 않고 어떻게 설교할 수 있을까?

오, 이 골방의 불꽃에 담금질도 하지 않는 강단의 입술들이여! 그 입술은 항상 메마르고 기름부으심이 없구나.

그런 입술에서는 하나님의 진리가 능력 있게 나오지 못한다. 진정한 신앙에 관한 한, 골방 기도가 없는 강단은 언제나 메마르고 열매가 없다.

기도가 없이도 설교자는 때로는 공식적으로, 즐겁게 또는 박식하게 설교할 수 있다. 그러나 이런 종류의 설교와 기도하며 우는 마음과 거룩한 손으로 하나님의 귀한 씨를 뿌리는 것과는 측량도 할 수 없는 거리가 있다. 기도하지 않는 사역자는 하나님의 모든 진리와 하나님의 교회를 장사지내는 사람이다. 그는 매우 비싼 관과 매우 아름다운 꽃을 들고 있을 수 있으나 그 화려한 모습에도 불구하고 그것은 장례 행렬일 뿐이다. 기도하지 않는 사역자는 하나님의 진리를 가르칠 수 없다. 천년왕국 시대의 영광은 기도하지 않는 교회에 의해 상실되었다. 우리 주님의 재림은 기도하지 않는 교회에 의해 기약 없이 연기되었다. 기도 없는 교회의 죽은 예배 앞에서 지옥은 그 지경을 넓히고 음산한 동굴을 채웠다.

가장 최고의, 최상의 제물은 기도라는 제물이다. 이 시대의 설교자가 기도의 교훈을 잘 배운다면 그리고 기도의 능력을 온전히 사용한다면 천년왕국은 이 시대가 끝나기 전에 임할 것이다. "쉬지 말고 기도하라"(살전 5:17)는 말씀은 이 시대의 설교자들을 향한 나팔 소리이다. 이 시대의 설교자들이 그들의 본문과 생각과 말과 설교를 그들의 골방에서 얻는다면, 다음 세기의 사람들은 새 하늘과 새 땅을 발견하게 될 것이다. 죄로 물들고 어두워진 옛 하늘과 옛 땅은 기도하는 사역자의 능력 아래서 사라지게 될 것이다.

18장

설교자를 위한
중보기도가 필요하다

설교자를 위한 중보기도가 필요하다

만일 자기 목회자에 대해 불평하던 그리스도인들이 사람들 앞에서 말과 행동을 삼가고 자신들의 모든 힘을 쏟아서 목회자들을 위해 하나님께 부르짖었다면, 다시 말해서 겸손하고 뜨거운 마음으로 설교자를 위해 쉬지 않고 기도했다면 그들은 훨씬 더 성공하였을 것이다.

_조나단 에드워즈

Power through Prayer

chapter 18

웬일인지 설교자를 위하여 기도하는 일은 점점 사라지거나 소홀히 여겨지고 있다. 종종 그렇게 하는 것은 사역의 권위를 떨어뜨리는 것이며 목회의 무능력을 공적으로 시인하는 것이라는 말을 듣는다. 그것은 자신의 능력이나 학식에 대한 자부심에 손상을 입히는 것이며 따라서 사역에서 그런 일을 허용할 정도로 태만한 것은 비난과 책망을 받아 마땅하다는 것이다.

기도란 설교자에게 그의 직무상 요구되는 의무 이상의 것으로서 그의 특권이며 필수적인 것이다. 공기가 폐에 꼭 필요한 것처럼 설교자가 기도하는 것은 절대적으로 필요하다. 또한 설교자가 다른 사람의 기도 지원을 받는 것

역시 절대적으로 필요하다. 설교자는 기도해야 한다. 설교자는 기도 지원을 받아야 한다. 이 두 명제는 하나로 연합된 것으로 결코 분리되어서는 안 된다. 그가 자신의 두려운 책임을 완수하고 그 중대한 일을 진정으로, 그리고 최상으로 이루어내기 위해서는 자신이 할 수 있는 최대의 기도를 해야 하고 다른 사람의 기도 지원을 최대한 받아야 한다. 참 설교자는 스스로 진지하게 기도의 영을 가꾸며 기도한다. 그리고 하나님의 백성들의 기도를 간절하게 갈망한다.

거룩한 사람일수록 기도를 더 중요하게 여긴다. 그리고 하나님은 기도하는 사람에게 그분을 나타내 주신다는 것, 하나님의 계시의 정도는 간절하고 끈질긴 기도의 정도에 비례한다는 것을 더 분명하게 안다. 기도하지 않는 마음에는 구원이 찾아오지 않는다. 기도하지 않는 영혼에게는 성령이 거하시지 않는다. 기도하지 않는 영혼에게는 설교가 덕이 되지 않는다. 기도하지 않는 그리스도인을 그리스도는 알아 주시지 않는다. 기도하지 않는 설교자가 복음을 전파할 수 없다. 은사나 재능, 교육, 유창함, 하나님의 부르심이 기도에 대한 요구를 줄이지 못한다. 오히려 설교자가 기도할 필요성과 기도 지원을 받아야 할 필요성을 더 절실하게 만든다. 설교자가 자신의 일의 본질과 책임과 어려움에 대해 눈이 뜨일수록 기도의 필요성을 더욱더 알게 된다. 그가 참 설교자일수록 기도의 필요성을 더욱더 느끼게 된다. 자기 스스로 기도해야 할 필요성을 점점 더 느낄 뿐 아니라 다른 사람들에게 기도로 도와달라고 부탁해야 할 필요성도 더 절실하게 느낀다.

바울은 이런 일에 좋은 본보기이다. 만일 자신의 능력으로, 자신의 지력으로, 자신의 교양으로, 자신의 인격으로, 하나님께 부름받은 사도의 권위로, 하나님의 특별한 부르심으로 복음을 전파할 수 있는 사람이 있다면, 그 사람은 바로 바울일 것이다. 그런 설교자가 기도에 자신을 드려야 했다면 바울이 그에 해당되는 좋은 예이다. 또 그런 사도요, 전도자가 사역의 온전한 성공을 위하여 다른 사람들의 기도 지원을 받아야 했다면, 역시 바울이 가장 좋은 예이다. 바울은 성도들의 도움을 간절히 원하고, 바라고, 간청했다. 그는 다른 곳에서와 마찬가지로 영적인 영역에서도 연합할 때에 힘이 있다는 것을 알았다. 믿음과 소망과 기도가 모이고 집중될 때에 영적인 힘이 커져서 아무도 저항할 수 없는 무적의 능력을 갖추게 된다는 것을 알았던 것이다. 한 사람 한 사람의 기도가 모이면 마치 물방울이 모이는 것처럼 대양을 이루어 모든 저항을 격파할 수 있는 것이다.

영적인 힘을 분명하게 잘 알고 있는 바울은 흩어져 있는 각 개인의 기도를 모두 모아 그의 사역에 쏟게 함으로써 그의 사역이 대양처럼 강하고 영원하며 무적이 되도록 만들기로 결심하였다. 바울의 눈부신 수고와 업적과 교회와 세상에 대한 영향은 다른 사람들의 기도가 바울과 바울의 사역에 집중되게 할 수 있었다는 데 있지 않을까?

그는 로마에 있는 성도들에게 "형제들아 내가 우리 주 예수 그리스도와 성령의 사랑으로 말미암아 너희를 권하노니 너희 기도에 나와 힘을 같이하여 나를 위하여 하나님께 빌어"(롬 15:30)라고 했다. 에베소 인들에게는 "모든 기도와 간구를 하되 항상 성령 안에서 기도하고 이를 위하여 깨어 구하기를 항상 힘쓰며 여러 성도를 위하여 구하라 또 나를 위하여 구할 것은 내게 말씀을 주사 나로 입을 열어 복음의 비밀을 담대히 알리게 하옵소서 할 것이니"(엡 6:18-19)라고 했다. 골로새 인들에게는 "또한 우리를 위하여 기도하되 하나님이 전도할 문을 우리에게 열어 주사 그리스도의 비밀을 말하게 하시기를 구하라 내가 이 일 때문에 매임을 당했노라 그리하면 내가 마땅히

할 말로써 이 비밀을 나타내리라"(골 4:3-4)고 강조했다. 데살로니가 인들에게는 "형제들아 우리를 위하여 기도하라"(살전 5:25)고 강력히 그리고 간곡히 부탁했다.

또 고린도 교인들에게는 "너희도 우리를 위하여 간구함으로 도우라"(고후 1:11)고 청했다. 이 기도는 그들의 일의 일부였다. 그들은 기도의 손길을 펴서 도움을 주어야 했던 것이다. 바울은 기도의 필요성과 중요성에 대해 데살로니가 교회에 추가적이고 마지막으로 권면하는 말에서 "끝으로 형제들아 너희는 우리를 위하여 기도하기를 주의 말씀이 너희 가운데서와 같이 퍼져 나가 영광스럽게 되고 또한 우리를 부당하고 악한 사람들에게서 건지시옵소서 하라"(살후 3:1-2)고 하였다. 그는 또 빌립보 인을 향하여 그가 당하는 모든 시련과 고통은 자기를 위한 그들의 기도의 능력을 힘입어 복음 전파에 도움이 된다고 강조했다. 빌레몬은 바울을 위해서 처소를 준비할 수 있었는데 이는 빌레몬의 기도를 통해서 바울이 그의 손님이 될 수 있었기 때문이었다.

이 문제에 관한 바울의 태도는 그의 겸손함과 복음을 전파하는 영적 힘에 대한 깊은 통찰력을 잘 보여 주고 있다. 더 나아가 이러한 바울의 태도는, 만일 바울이 자신의 사역의 성공을 위해서 성도들의 기도를 그처럼 의지해야 했다면 오늘날 하나님의 성도들은 사역을 위해서 더 더욱 기도해야 한다는 것을 시대를 초월한 교훈으로 가르쳐 준다.

바울은 이러한 긴박한 기도 요청이 자기의 권위를 격하시킨다거나 그의 영향력을 축소시킨다거나 그의 경건성을 격하시킨다고 생각하지 않았다. 또 혹시 그렇다 할지라도 그것이 무슨 문제가 되겠는가! 설사 권위가 없어지고 영향력이 감소되고 그의 명성이 떨어진다고 하자. 그래도 그들의 기도가 필요하다. 그는 사도 중의 사도로 부름받고 위임받았다. 그럼에도 성도들의 기도가 없으면 그의 모든 준비는 완전하지 못하다. 그는 곳곳에서 편지를 써서 자신을 위해 기도해 달라고 부탁하였다. 당신은 설교자를 위해서 기도하고 있는가? 당신은 그를 위해 은밀히 기도하고 있는가? 개인 기도가 바탕이 되지 않거나 뒤따르지 않는다면 공적 기도는 별 가치가 없다. 기도하는 사람과 설교자와의 관계는 아론이나 훌과 모세와의 관계와 같다. 그들은 그의 손을 치켜들어 그들 주위에 심각하게 제기되고 있는 문제를 해결하는 것이다.

사도들이 간청하고 목적한 바는 교회가 기도하게 하는 것이었다. 그들은 즐거운 마음으로 이웃에게 베푸는 일을 소홀히 하지 않았다. 그들은 영적 생활에서 종교 활동이나 일이 차지하는 위치를 모르지 않았다. 그러나 사도들의 평가나 긴급성 면에서는 이들 중 어느 하나나 모든 것을 합쳐도 기도와 견줄 수가 없었다. 그래서 기도가 무엇보다도 중요한 의무요 필요한 것이라는 것을 강조하기 위해서 가장 엄숙하고 긴급한 간청을 사용하였고, 가장 열렬한 부탁과 가장 포괄적이고 자극적인 말을 하였다.

"성도들이 모든 곳에서 기도하게 하라." 이것은 사도들이 노력했던 핵심이요 성공의 표시였다. 예수 그리스도께서도 세상에서 사역하실 때 이것을 위해 애쓰셨다. 주께서는 일꾼이 없어서 시들어가고 있는 세상의 익은 곡식들을 보시고서 민망히 여기셨다. 그래서 자신의 기도를 잠시 멈추시고 둔감한 제자들에게 기도의 의무를 일깨워 주는 말씀을 하셨다.

"그러므로 추수하는 주인에게 청하여 추수할 일꾼들을 보내 주소서 하라"(마 9:37).

"예수께서 그들에게 항상 기도하고 낙심하지 말아야 할 것을 비유로 말씀하여"(눅 18:1).

19장

기도에서 큰 결과를 얻으려면 신중함이 필요하다

기도에서 큰 결과를 얻으려면 신중함이 필요하다

끊임없이 바쁜 업무와 사교적인 모임은 나의 건강이 아닌 영혼을 파괴했다. 바쁠수록 더 많은 시간을 주님과 함께했어야 함에도 불구하고 나는 너무 적은 시간을 묵상과 성경읽기와 같은 개인적인 헌신에 사용하며 경건을 유지하려고 했다. 그 결과 나와 주님과의 관계는 늘 싸늘했고 가슴은 굳어 있었다. 나는 한 시간이나 두 시간 혹은 그 이상을 기도했어야 했다. 그러나 나는 일을 다 끝낸 후나 바쁜 아침 시간에 겨우 30분밖에 시간을 내지 못했다. 주님으로만 살기를 원했던 모든 사람들의 분명한 고백은 개인기도의 시간을 늘리지 않고서는 신앙의 성장과 영적인 성숙을 바랄 수 없는 것이다. 모든 사람들이 기도의 능력으로 문제를 해결하는데 왜 나는 여전히 못하는지! 하나님의 전능한 능력은 오직 그분의 말씀과 사랑으로 주시는 것이기에 나는 기도하고 또 기도하는 기도의 수고가 없이는 아무것도 이루지 못할 것이다.

_윌리엄 윌버포스

Power through Prayer

chapter 19

우리의 헌신은 시계에 의해 측정되는 것은 아니지만 시간은 그 핵심이다. 기다리고 참으며 집중하는 능력은 근본적으로 우리와 하나님과의 대화에 필수적인 것이다. 서두르는 것은 하나님과 교제하는 위대한 일에 경종이 되는 것으로 모든 면에서 좋지 못하고 해로운 결과를 낳는다.

간단히 조금 하고 마는 기도는 깊은 경건에 독이 된다. 고요하고 철저하고 힘 있는 영력은 결코 서둘러서 이루어지는 것이 아니다. 간단히 마치는 기도는 영적 원기를 고갈시키고 영적 발전을 저해하고 영적 기초를 갉아 먹으며 영적인 생활의 뿌리를 마르게 한다. 그것은 타락의 원인이며 피상적 경건의 표시요, 진짜인 것처럼 속이고 메마르게 하며, 씨앗을 부패하게 만들고 땅을 황폐하게 하는 것이다.

물론 성경에 기록된 기도는 짧은 것이 사실이다. 그러나 성경에 나타나는 기도의 사람들은 오랜 시간 동안 하나님과 아름답고 거룩한 영혼의 씨름을 하였다. 기도의 말은 짧았지만 기다림은 오래 계속된 것이었다. 모세가 기록한 기도는 짧을지 모르지만 모세는 사십 주야를 금식하며 울부짖음으로 기도하였던 것이다.

엘리야의 기도는 단지 몇 줄로 농축되어 나타나 있지만 그가 기도드릴 때에 수많은 시간을 하나님과 고귀한 교제를 위해 애썼다는 것은 분명한 사실이다. 그러기에 그는 확신을 가지고 대담하게 아합에게 "내 말이 없으면 수 년 동안 비도 이슬도 있지 아니하리라"(왕상 17:1)고 말할 수 있었던 것이다. 또 사도 바울의 기도는 분량이 짧지만 그는 "주야로 심히 간구"(살전 3:10)했다. **주기도문은 어린 양들을 위한 거룩한 기도의 축약이다.** 그러나 예수 그리스도는 자신의 일을 다 이루시기 위해 수많은 밤을 기도로 보냈다. 그리고 밤을 지새우며 오래 기도한 결과 그의 일을 완전히 이룰 수 있었고 하나님의 충만한 영광이 빛날 수 있었다.

영적인 일은 힘이 든다. 그래서 사람들은 영적인 수고를 하려고 하지 않는다. 기도, 참된 기도를 하기 위해서는 진지한 집중과 시간을 쏟아 넣는 노력을 해야 한다. 그러나 인간의 육신은 그것을 즐거워하지 않는다. 피상적인 일에서는 곧잘 하지만 그런 희생적인 일을 할 만큼 강인한 자질을 가진 사람은 별로 없다.

우리는 우리가 보기에 좋을 정도로만 간신히 기도하는 습관에 젖을 수 있다. 즉, 고상한 모양이 되고 양심의 소리를 잠재울 수 있을 만큼만 기도하는 것이다. 그러나 이것은 가장 치명적인 아편이다. 우리는 기도를 겉핥기식으로 하여 기초가 무너질 때까지 위험을 감지하지 못할 수 있다. 서둘러 대충하는 기도는 믿음을 약하게 하고, 확신을 흔들리게 하며 경건을 의심스럽게 만든다.

하나님과 함께하는 시간이 적은 것은 하나님을 위하는 것이 적은 것이다. 기도를 짧게 하는 것은 신앙 인격을 부족하게 하고 인색하게 하며 게으르게 하는 것이다. 하나님과 온전한 교제를 하기 위해서는 충분한 시간을 들여야 한다. 짤막한 기도로 끝내 버리는 것은 하나님의 은혜가 흐르는 파이프를 잘라 버리는 것이다. 하나님의 온전한 계시를 얻으려면 은밀한 곳에서 충분한 시간을 가져야 한다. 적은 시간과 성급함은 그런 계시를 해친다.

헨리 마틴은 "끊임없는 설교 준비로 개인적인 성경 읽기가 부족하고 기도가 짧아진 결과 하나님과 나의 영혼 사이가 어색해졌다."고 통탄했다. 그는 자신이 너무나 많은 시간을 공적인 사역에 바쳤으며 그에 반해서 하나님과의 사적인 교제에는 너무 적은 시간을 드렸다고 고백했다. 그는 진지한 기도를 위하여 따로 시간을 낼 것과 금식할 시간을 내야 할 필요를 절실히 느꼈다. 이로부터 맺은 결론을 그는 다음과 같이 말하고 있다.

"오늘 아침은 2시간 동안을 기도하기 위해서 따로 책정해 두었다." 또 윌리엄 윌버포스는 "나는 좀 더 많은 시간을 개인 기도를 위해 확보해야겠다. 나는 공적인 데 너무 많은 것을 바쳐왔다. 개인 기도의 단축은 영혼을 굶주리게 만든다. 그리하여 영혼은 연약해지며 무력하게 된다. 나는 너무나 늦게까지 자지 않는 습성이 있다."고 했다.

그는 의회에서의 과오에 대해 "나 자신의 슬픔과 부끄러움을 말한다면 아마 무엇보다도 내가 개인 기도의 시간을 단축한 나머지 하나님께서 나를 넘어지게 하셨던 일일 것이다."라고 말했다. 이른 새벽에 홀로 깨어 더 많은 시간을 기도하는 것으로 그는 회복되었다.

  이른 새벽에 좀 더 많은 시간을 기도에 드리는 것은 마치 마술과 같아서 영적으로 쇠퇴한 영혼들을 다시 새롭게 하고 힘을 얻게 한다. 그리고 그것은 거룩한 삶으로 나타난다. 우리의 경건의 시간이 그리 짧지 않고 허겁지겁 이루어지는 것이 아니라면 거룩한 삶이 그리 힘들거나 드문 것이 아닐 것이다. 우리가 골방에 머무르는 시간이 더 길어지고 더 뜨거워진다면 향기롭고 고결한 그리스도의 성품이 그리 낯설고 얻을 수 없는 기업이 되지 않을 것이다.

  우리가 초라하게 사는 것은 기도 생활에 인색하기 때문이다. 골방에서 잔치하는 데 많은 시간을 들일수록 우리의 삶이 윤택하게 될 것이다. 우리가 골방에서 하나님과 함께 머무를 수 있는 능력은 우리가 골방 밖에서 하나님과 같이할 수 있는 능력을 결정한다. 성급한 마음으로 골방을 들락날락하는 것은 자기기만이며 게으른 처사다. 우리는 그런 것 때문에 스스로 속을 뿐더러 여러 면에서 그리고 많은 유산을 잃게 된다.

  골방에서 오래 머무르는 것은 우리에게 교훈을 주고 승리를 가져다 준다. 우리는 거기서 배운다. 위대한 승리는 대부분 위대한 기다림의 결과이다. 우리의 말과 계획이다할 때까지 기다릴 때, 말없이 인내하며 기다릴 때 승리의 면류관을 얻게 된다. 예수 그리스도께서는 "하나님께서 그 밤낮 부르짖는 택하신 자들의 원한을 풀어 주지 아니하시겠느냐"(눅 18:7)고 강조하셨다.

기도는 인간이 할 수 있는 가장 위대한 일이다. 이 기도를 잘하기 위해서는 고요함과 시간과 진지함이 있어야 한다. 그렇지 않으면 기도는 가장 천박하고 보잘것없는 것으로 전락해 버린다. 참된 기도는 최고의 결과를 맺는다. 반면에 빈약한 기도는 최소의 열매를 맺는다. 참된 기도는 아무리 드려도 지나침이 없다. 우리는 기도의 가치를 새롭게 배워야 한다. 새롭게 기도 학교에 입학해야 한다. 이 세상에서 배우는 것만큼 많은 시간이 걸리는 것은 없다. 그러므로 만일 우리가 그 놀라운 기술을 배우기 원한다면 여기저기에 우리의 힘을 나누어 주어서는 안 된다. 어떤 작은 성자가 노래했던 것처럼 "예수님과 짧은 대화"로는 안 되는 것이다. 우리는 하루 중에서 가장 좋은 시간을 골라 하나님과 기도에 드리기로 결심하고 그것을 굳게 지켜야 한다. 그러지 않는다면 그것을 기도라고 할 수 없는 것이다.

그러나 지금은 기도의 시대라고 할 수 없다. 기도하는 사람이 별로 없기 때문이다. 설교자와 목회자에 의해 기도의 이름이 더럽혀지고 있다. 오늘날은 바쁘고 소란한 시대다. 그래서 사람들은 기도에 시간을 들이려 하지 않는다. 목회 프로그램의 일환으로, 정기적으로 또는 절기에 맞추어 "기도를 강조하는" 설교자들이 있다. 그러나 분발하여 하나님 앞에 나아가는 사람은 없다.

응답받는 기도자라는 이름을 얻기까지 기도한 야곱처럼 기도하는 사람은 어디 있는가? 자연의 원리를 깨뜨리고 기근에 주린 땅을 하나님의 동산으로 만들어 놓을 때까지 기도한 엘리야처럼 기도하는 사람은 어디 있는가? 산으로 올라가 "밤이 새도록 하나님께 기도"(눅 6:12)하신 예수 그리스도처럼 기도하는 사람은 어디 있는가? 사도들은 "기도하는 일에 힘썼다"(행 6:4). 평신도는 물론 설교자들조차도 이렇게 못한다. 기꺼이 돈을 드리는 평신도들이 있다. 그러나 기도에 자신을 드리려고는 하지 않는다. 그러나 기도가 없는 헌금은 오히려 저주일 뿐이다.

부흥의 필요성과 하나님 나라의 확장에 대해 유창하게 설파하려는 설교자는 많다. 그러나 기도와 함께 그것을 하는 사람은 많지 않다. 기도가 없으면 모든 설교와 노력들은 없는 것만 못하다. 기도는 지금 시대에 뒤떨어진 것이요 거의 상실된 기술이 되어 버렸다.

20장

기도하는 사람을 얻으려면 먼저 기도하라

기도하는 사람을 얻으려면 먼저 기도하라

나의 기도가 악마 자체보다 더 나쁘다는 생각이 든다. 내가 기도에 더 충실했더라면 지금과는 다른 더 좋은 사역의 결과를 얻었을 것이다. 여태까지 내가 여전히 나를 더 신뢰했더라면 나는 지금도 하나님의 역사하심에 기적이나 경이로움을 보지 못했을 것이다. 오늘 내가 기도를 쉬면 믿음의 불로 임하시는 주님을 볼 수 없을 것이다.

_마틴 루터

Power through Prayer

chapter 20

오순절 성령 강림 전의 사도들은 기도가 얼마나 중요한지 몰랐다 그러나 오순절에 성령이 임하여 충만함으로써 기도는 그리스도의 복음에 있어서 무엇보다도 중요한 위치를 차지하게 되었다. 모든 성도를 향해 기도하라는 부르심은 성령의 가장 크고 긴박한 부르심이다. 기도로 말미암아 성도의 경건이 시작되고 발전되고 완성된다. 성도들이 일찍부터 늦게까지 그리고 오랫동안 기도하지 않을 때 복음은 느릿느릿 답답하게 전파된다.

현시대의 성도들에게 기도하는 법을 가르치고 기도하게 할 수 있는 지도자는 어디에 있을까? 우리가 기도하지 않는 성도들을 기르고 있다는 사실을 알고 있을까? 하나님의 백성들을 기도하게 만들 사도적 지도자들은 어디에 있는 것일까?

그들이 나와서 일하게 해야 한다. 그러면 우리가 이룰 수 있는 최대의 역사를 이루게 될 것이다. 교육 시설을 늘리고 자금을 많이 확보한다 해도 지금보다 더 많은 기도, 더 나은 기도로 거룩하게 되지 못한다면 믿음의 발전에는 더할 나위 없는 해가 될 것이다. 더 많은 기도는 저절로 이루어지지 않는다. 20세기 혹은 30세기를 위한 선교 자금 모금 캠페인을 벌인다 해도 우리가 조심하지 않으면 그것은 우리의 기도를 돕기는커녕 방해만 될 것이다.

기도하는 지도자에게서 나오는 구체적 노력만이 도움이 된다. 교회의 지도자들은 교회의 심장과 삶에 기도의 절대적 중요성을 밝히 심어 주고 일깨워 주는 사도적 노력에 앞장서야 한다. 기도하는 지도자만이 기도하는 사람들을 만들 수 있다. 기도하는 사도가 기도하는 성도를 낳는 것이다. 기도하는 강단이 기도하는 청중을 낳는다.

우리에게는 성도들로 하여금 기도의 일에 전념할 수 있도록 만들 수 있는 사람이 절실히 필요하다. 우리 세대는 기도하는 성도의 세대가 아니다. 기도하지 않는 성도는 성도의 능력도 아름다움도 향기도 없는, 거지 같은 무리

밖에 되지 않는다. 이 병폐를 누가 복구할 것인가? 교회를 기도하게 만들 수 있는 사람은 개혁자와 사도들 가운데서 가장 위대한 사람이 될 것이다. 이 시대와 모든 세대를 통해서 교회가 가장 필요로 하는 것은 그런 강력한 믿음과 굽힘이 없는 거룩함과 탁월한 영력과 불타는 열정을 지닌 사람이다. 그리하여 그들의 기도와 믿음과 삶과 사역이 개혁적이고 도전적이어서 개인과 교회에 새로운 시대를 열 수 있어야 한다.

그렇다고 기발한 방법을 써서 감각적인 흥분을 자아내게 하는 사람이나 기분 좋게 하는 방법으로 흥을 돋우는 사람을 말하는 것이 아니다. 하나님의 말씀을 선포함으로써 성령의 능력으로 혁명을, 현재의 모든 것을 변화시켜 놓는 혁신을 일으키는 사람을 뜻하는 것이다.

여기에서는 타고난 재능이나 후천적인 교육의 성과는 중요한 요소가 되지 못한다. 문제는 믿음의 역량과 기도할 수 있는 능력이며, 철저한 성별의 능력이며, 자기를 부인할 수 있는 능력이며, 자기를 잃어버리고 하나님의 영광을 추구하는 능력이며, 하나님의 충만하심을 항상 한없이 갈망하며 찾는 능력이다. 다시 말해서 교회가 하나님을 위해 불타오르게 하는 사람, 소란하고 겉으로만 그러는 것이 아니라 고요하면서도 뜨거운 열정을 가짐으로 하나님을 위해 모든 것을 녹이고 움직이게 하는 사람이다.

하나님께서는 적합한 사람을 찾으시면 기적을 행하신다. 인간은 하나님이 자신을 인도하시게 할 때 이적을 행할 수 있다. 세상을 어지럽게 할 수 있는 성령의 부으심이 마지막 시대에 무엇보다도 필요하다. 하나님을 위해 강력하게 일을 일으킬 수 있는 사람, 영적 혁명을 통해 상황을 완전히 바꾸어놓을 수 있는 사람, 그런 사람이 지금 우리 교회에 가장 필요한 것이다.

지금까지 교회에 그런 사람이 없는 것은 아니었다. 그런 사람들이 교회사의 한 페이지를 장식했다. 그들은 교회의 신적인 성격을 나타내는 기적으로 늘 남아 있다. 그들은 항상 우리에게 영감과 축복의 본이 되고 있다. 그런 사람의 수와 능력이 커지도록 우리는 기도해야 한다. 영적인 세계에서 이제까지 이루어졌던 일은 또 다시 이루어질 수 있고 그보다 더 크게 이루어질 수 있다. 이것은 그리스도의 말씀을 통해 잘 알 수 있다. "내가 진실로 진실로 너희에게 이르노니 나를 믿는 자는 내가 하는 일을 그도 할 것이요 또한 그보다 큰 일도 하리니 이는 내가 아버지께로 감이라"(요 14:12).

지나간 세대가 하나님을 위해 큰일을 할 수 있는 가능성을 다 사용해 버리지도 않았고 또 그것을 요청할 수 있는 가능성을 다 써버리지도 않았다. 교회가 능력과 은혜를 받는 기적을 과거 역사의 사실로 여기는 것은 타락한 교회가 하는 일이다.

하나님은 택함 받은 사람을 찾으신다. 가혹한 십자가에 못 박힘으로 자신과 세상으로부터 죽은 사람, 완전히 부패하여 회복의 가능성도 기대도 없는 자신과 세상에 대해 파산을 선고한 사람, 이 십자가에 못 박힘과 파산을 통해 온전한 마음으로 하나님께로 돌아선 사람을 원하시는 것이다.

기도에 대한 하나님의 약속이 기대보다 더 크게 실현되도록 뜨겁게 기도하자.

부록
기도의 사람들

조나단 에드워즈 Jonathan Edwards 1703-1758

최고의 설교자로, 미국 역사에 큰 영향을 미친 가장 유능한 개혁 신학자이자 위대한 목회자로 칭송받는 조나단 에드워즈는 독실한 청교도 집안에서 태어났다. 어린 시절부터 그는 성경 묵상과 기도의 필요성을 거듭해서 배우는 동시에 하나님의 영광을 위하여 자기의 모든 능력을 개발해야 함을 되새기며 자라났다.

12세에 입학한 예일대를 17세가 되기도 전에 최우등으로 졸업하였으나 목회 사역을 준비하기 위해 대학 강사로 2년여를 더 머물렀고, 이때 진정한 회심을 경험하였다. 그리고 19세 약관도 되지 못한 나이에 외조부로부터 물려받은 매사추세츠 주 노샘프턴 교구에서 본격적인 성직자의 길을 걷게 된다. 역시 목회자 집안 출신인 아리따운 사라 피어폰트 Sarah Pierpont 와 결혼한 것도 이때쯤이었다.

에드워즈가 활동하던 18세기 초의 미국은 전세기 청교도들의 시대와는 달리 영적 관심이 물질적 번영에 밀려 있던 때였다. 도덕성과 함께 경건에 대한 열망은 사그라들고 있었고 이전에 미국을 풍미했던 기도, 각종 집회, 주일 성수 역시 사라져 가고 있었다. 거기다 인디언 전쟁이

발발하면서 수많은 청년들이 희생되어 당시 영적 상태는 회복 불가능의 상태에 이른 듯하였다.

종교적 열정에 휩싸여 있던 에드워즈는 이러한 신앙 풍조에 신랄한 비판을 가하였고 인간의 죄를 거듭 강조하며 오직 믿음으로 말미암아 구원을 받으라는 메시지를 전하는 데 전력을 기울였다. 하루 12시간 이상을 성경 연구에 보내고 2시간이 넘는 설교를 지치지 않고 해내었다.

그는 전형적인 부흥사는 아니었다. 따라서 우렁찬 음성이나 과장된 제스처 없이 준비한 원고를 읽곤 했지만, 충실한 성경 주석을 기초로 특유의 청교도적 적용이 있는 교리적 해설을 제시했다.

그의 뼈를 깎고 피를 말리는 고심초사와 열정은 1734년에서 1735년으로 넘어가는 한 계절 동안 300여 명의 회심자를 얻는 열매를 맺었다. 거리의 술집의 인적이 끊길 만큼 사람들은 그의 설교에 매료되었고 한꺼번에 중생 체험을 하는 놀라운 일이 벌어지기 시작했다. 이 특기할 만한 부흥은 뉴햄프셔 지방까지 번져 갔고 이후로 5년여 간이나 지속되었으며 다른 여러 지방으로 파급되었다. 이것이 그 유명한 '대각성 운동'이다.

이 운동의 여파는 노도와 같아서 뉴잉글랜드 지역에서

만 짧은 기간 동안 5만 명 이상이 회심하는 기적이 일어났다. 또한 유럽에도 크나큰 영향을 끼쳐서 독일과 스칸디나비아에서는 루터교가 되살아났고 영국에서는 존 웨슬리John Wesley의 주도하에 영국 기독교 부흥 운동이 일어나게 되었다. 그러나 이런 놀라운 역사가 있었음에도 에드워즈는 성찬식 문제 등으로 교회 회중과 갈등을 겪기 시작했고, 1750년 급기야 피땀을 흘려 넣었던 노샘프턴 교회에서 해임되는 고통을 당하기도 했다.

그러나 에드워즈는 갖가지 몰이해와 질시에 굴하지 않았다. 그는 이듬해 인디언 거주 지역인 스톡브리지의 한 교회에서 인디언을 위한 선교사로서 삶을 이어가기로 결심한다. 젊은 나이에 요절했으나 선교사에 큰 족적을 남긴 브레이너드David Brainerd와의 인연도 이때 맺은 것이었다. 그는 언어 장벽, 질병, 분쟁, 모함 등으로 어려움을 겪으면서도 목회에 충실한 삶을 보냈다.

1758년 프린스턴대학교의 학장에 취임했으나 천연두 백신 주사의 후유증으로 학장직을 수행해 보지도 못하고 눈을 감고 말았다.

그는 죽었지만, 그가 끼친 영향력은 엄청난 것이었다. 그의 평생에 걸친 복음주의에 대한 사모와 열의는 제2차

대각성 운동으로 이어졌으며, 이후로도 그 맥은 기독교 부흥 운동의 큰 줄기를 따라 면면히 이어져 오고 있다. 그가 남긴 신학적 업적들은 대부흥을 이끌었던 설교문들과 함께 오늘날까지도 꺼지지 않는 불길로 남아 있다.

그의 엄격하면서도 굳세기 그지없었던 삶의 방식과 믿음은 그의 기도 생활에 대한 결의를 통해 보다 자세히 알 수 있다. 기도의 필요성과 중요성은 누구나 인정하지만 대단한 각오로 노력하지 않으면 결코 쉬운 일이 아니다. 누구보다 그 사실을 잘 알고 있던 에드워즈는 일찍이 평생 기도로 하나님과 교제하고 자기의 모든 것을 하나님께 아뢰는 삶을 살기로 작정하였다.

그가 남긴 글에서도 볼 수 있듯이 그의 폭풍과도 같던 삶을 이끌었던 진정한 원동력 중 하나가 바로 기도였다. 다시 말하지만 이제까지도 영향을 미치는 그의 생애 자체가 바로 기도의 능력 그것이었다.

"기도하지 않고서 어떻게 거룩한 삶을 살아갈 수 있겠는가? 거룩한 삶을 산다는 것은 하나님께 헌신하는 삶을 산다는 것을 의미한다. 즉 하나님을 예배하고 섬기는 삶, 하나님의 일을 위해 봉헌된 삶이 곧 거룩한 삶이다. 하지만 기도의 의무를 이

행하지 않고서는 결단코 그런 삶을 살 수 없다. 기도하지 않고서 어떻게 성령과 동행한다고 말할 수 있으며, 지극히 높으신 하나님의 종이라고 주장할 수 있으랴?"

데이비드 브레이너드 David Brainerd 1718-1747

미국 인디언들을 위한 최초의 선교사, 브레이너드는 교회 역사에 나타난 가장 위대한 기도·위인 중 한 사람이라는 평을 받고 있다. 불과 5년밖에 되지 않는 사역이었지만, 그의 짧은 생애 내내 불타올랐던 복음 전파의 열정과 끝간 데 모르는 헌신, 그리고 숱한 이들의 영혼을 뒤흔든 영향력은 그를 교회사상 중요한 인물이 되게 하는 데 부족하지 않은 것이었다.

브레이너드는 1718년 코네티컷, 해덤에서 청교도 집안 지방 대지주의 아들로 태어났다. 유복한 환경이었으나 9살에 부친을, 12살에 모친을 여의면서 지워지지 않는 깊은 슬픔으로 인해 영혼의 문제에 천착하는, 지나칠 정도로 진지하고 사려 깊은 소년으로 자라났다. 21세가 되던 1739년에 예일대학교에 입학한 그는 학교의 비신앙적인 분위기에 충격을 받은 데다 대각성 운동에 대해 호의적이지 않았던 학교 당국과의 마찰로 인해 급기야 퇴학을 당하고 만다.

이 일은 브레이너드의 삶에 있어 전환점이 되었다. 에버니저 펨버턴Ebenezer Pemberton, 존 서전트John Sergeant 등 영향력 있고 깨어 있던 여러 목회자들로부터 다양한 교육을 받을 기회를 얻으면서 불쌍한 영혼들과 그리스도의 나라의 확장에 대한 사명에 눈을 뜨기 시작했기 때문이다. 이때부터 시작된 식음을 전폐하고 밤낮을 가리지 않고 드리는 기도와 집요한 묵상은 그가 인디언 선교를 결심하게 되기까지 지속되었다. 그의 일기문에는 당시 그를 사로잡았던 생각과 결단이 기록되어 있다.

"내가 여기 있사오니, 나를 보내소서. 나를 세상 끝으로 보내소서. 거친 땅, 광야에 사는 사나운 이교도들에게로 나를 보내소서. 세상의 모든 안락을 버리게 하소서. 당신을 섬기는 일이며 당신의 나라가 이 땅에 이루어지는 것을 위해서라면 죽음도 두렵지 않습니다."

1743년, 결국 브레이너드는 넘치는 열정과 의욕으로 광야 생활에 대한 준비와 인디언 언어 공부도 없이 무작정 스톡브리지 근처의 델라웨어 인디언들 틈으로 뛰어들었다. 이로 인해 초기에는 열매 없음으로 인한 고독감과 상실감에 고통을 받기도 했으나 그는 이후로 죽는 날까지 당시 비인간적인 취급을 받던 인디언들의 동료로, 형제로 살았다.

그는 짚더미에서 자기를 마다하지 않았고 옥수수죽에 만족하였다. 숲 속에서 길을 잃고 늑대의 먹잇감이 되는 위험도 불사하였다. 두려움과 고통이 연속되는 삶을 그는 기꺼이 감수하면서 인디언 말을 배우고 복음을 전하기 위해 무인지경의 정글을 수도 없이 오고 갔고, 온 밤을 깨어 기도드리는 일에 쉼을 두지 않았다. 더디기만 했던 시간은 지나고 1745년 여름 드디어 인디언들 사이에서 큰 부흥이 일어나 풍성한 결실을 맺기 시작했다.

인디언들과 그들의 복음화를 위해 젊음을 산회시키는 일은 1746년 가을, 그가 탈진하다 못해 피를 토하며 쓰러질 때까지 계속되었다. 학생 시절부터 괴롭혀 왔던 결핵이 악화되었던 것이다.

마지막 몇 달 동안 약혼녀의 아버지였던 조나단 에드워즈 Jonathan Edwards의 집에서 병든 몸을 의탁했던 브레이너드는 숨이 멎는 마지막 순간까지 인디언들을 위해 기도하는 한편 떨리는 손으로 일기를 썼다. 1747년 10월 9일, 결국 그는 자신을 극진히 간호해 주던 약혼녀의 품에서 두 눈을 감았다. 향년 29세, 너무나 아까운 죽음이었다.

짧디짧은 생이었지만, 그의 삶은 수많은 사람들에게 도전을 주었다. 미국의 대각성 운동을 일으킨 조나단 에드워즈도 그렇고 영국에서 큰 부흥을 일으킨 존 웨슬리 John Wesley도 그러하다. 또한 윌리엄 캐리 William Carey, 헨리 마틴 Henry Martyn, 짐 엘리오트 Jim Elliot 같은 위대한 선교사들의 가슴에도 큰 감동의 불을 지폈다.

존 플레처 John Fletcher 1729-1785

존 웨슬리 시대의 가장 독실하고 유능한 목사들 가운데 한 사람. 대규모 부흥회의 대중 설교자로 위명을 떨쳤던 그는 대단한 열정으로 복음의 평이한 진리들을 설교했으며, 평생에 걸친 충성스러운 목회로 당대의 여러 목회자들에게 귀감이 되었다. 성자와도 같은 경건함, 보기 드문 헌신, 정결한 삶의 태도 등은 웨슬리로 하여금 "영원한 저

세상에서 만나게 될 사람 가운데 가장 거룩한 사람일 것"이라는 찬사를 남기게 하였다.

윌리엄 브램웰 William Bramwell 1759-1818

영국 감리교의 전도자. 제혁공으로 견습 생활을 하던 중 웨슬리의 설교에 감화를 받고 열정적인 전도자로 거듭난 인물이다. 노동자들의 시간에 맞추기 위해 매일 새벽 5시에 기도회를 주관할 만큼 그의 신앙적인 열의는 뜨거웠다. 1786년 감리교 연회로부터 승인을 받은 후로는 정식 전도자가 되어 13년간을 감리교회의 설교자로 일하면서 '부흥 전도자'로서의 명성을 높였다. 전해지는 바로는 감리교인으로서 그만큼 많은 개종자를 얻은 사람도 없다고 한다.

찰스 시므온 Charles Simeon 1759-1836

복음주의 지도자. 성공회가 지배하는 영국 사회에서 복

음주의 신앙을 받아들인 후 의식에 치중하고 감독 중심적인 고교회파에 반대하는 복음주의 운동(저교회파 운동)을 이끈 인물. 1782년 케임브리지 홀리트리니티 교회의 관할 사제로 임명받은 이래 종신토록 그곳에서 목회 활동을 하면서 설교자로, 성경 주석가로 이름을 떨치는 한편, 영국 성서공회를 장려하고 영국 성공회 선교협회와 런던 유대인선교회를 설립하는 데 공헌했다.

윌리엄 캐리 William Carey 1761-1834

인도에서 사역한 영국 침례교 선교사. 근대 선교의 아버지.

영국 노스햄프턴에서 출생하여 고등학교를 졸업하고 16세에 구두 수선 기술을 배웠다. 19세에 기도 모임에서 그리스도를 영접하였고, 복음을 전해야 한다는 불타는 사명감으로 23세가 되던 1783년 10월 5일에 침례교 목사가 되었다. 목회에 전념하던 어느 날 「쿡 선장의 항해기 *Captain Cook's Voyages*」를 읽고 세계 선교의 비전을 갖게 되었다. 당시 어느 누구도 세계 선교에 관심을 갖지 못하던 시기였다.

그는 지도를 집에 걸어두고 선교적 관점에서 성경을 공부하기 시작하였다. 1792년 22세 되던 해 캐리는 87쪽 짜리 선교 책자를 발행하였다. 그는 이 책에서 세계 선교의 필요성을 역설하였다. 그리고 '침례교 선교회Baptist Missionary Society'를 창설하였고, 노팅검에서 개최된 선교 대회에서 "하나님으로부터 위대한 일들을 기대하라. 하나님을 위해 위대한 일들을 성취하라Expect great things from God, attempt great things for God."는 유명한 메시지를 선포했다. 이 말은 지금도 침례교 선교 모토로 사용되고 있다.

이듬해인 1793년 23세 되던 해 주변의 완강한 반대를 무릅쓰고 인도행 배를 타고 5개월여 만에 인도 벵골에 도착했다. 그는 마드라의 농장에서 일하며 인도 말을 배웠고 자비량 선교에 혼신의 힘을 기울였다. 그러던 중 1794년 5살 난 아들이 질병으로 죽는 등 캐리는 말할 수 없는 난관에 직면했다. 하지만 그는 전도를 멈추지 않았고, 인도 말로 성경을 번역했으며, 학교도 설립하였다.

그는 1799년 세람포Serampore로 선교지를 옮겨 죠수아 마쉬맨, 윌리암 워드 가정과 공동생활을 하며 전도와 성경 번역 사역을 계속했다. 그리하여 중국어, 미얀마어, 말레이어 등 44개의 언어로 성경을 번역 출간하였다. 특히 그는 인도를 대표하는 산스크리트어, 벵갈어, 마라디어로 성경을 번역했으며 1809년 벵갈어로 신·구약성경을 완간하였다. 1819년에는 세람포대학을 설립하였다.

그는 1834년 세람포로 사역지를 옮긴 지 34년 만에 73세의 일기로 인도 땅에 묻혔다. 캐리 이후 세계 교회는 선교에 큰 관심을 갖게 되었고 스코틀랜드, 네덜란드, 영국 등 각 나라에서 선교회가 조직되어 19세기 선교의 황금시대를 열게 되었다. 윌리엄 캐리는 그칠 줄 모르는 뜨거운 열정과 끈질긴 도전으로 영적으로 잠자는 나태한 영국을 제사장의 나라로 만들었다.

헨리 마틴 Henry Martyn 1781-1812

제2의 데이비드 브레이너드로 불리는 헨리 마틴 선교사는 데이비드 브레이너드의 일기를 읽고 큰 감동을 받아 그를 최대한 본받으려고 노력하였다. 헨리 마틴의 일기에는 그 사실이 여실히 나타난다. 브레이너드가 너무 열심히 헌신하다가 29세에 요절한 것처럼, 헨리 마틴도 역시 선교와 성경 번역에 온 힘을 쏟아 결국 31세에 소천하였다.

케임브리지대학교 수학과를 수석으로 졸업한 헨리 마틴은 브레이너드의 희생적 선교 사역에 큰 감명을 받았고, 해외 선교만이 그의 인생의 유일한 목표가 되었다. 그가 열렬하게 존경했던 브레이너드와 마찬가지로 마틴 역시 매일 하나님께 대한 헌신과 기도에 많은 시간을 쏟았다. "나는 데이비드 브레이너드를 깊이 생각하며 하나님께 대한 그의 헌신을 배우려고 애썼다. 나의 마음이 이 위대한 선교사와 연결되고 있음을 느꼈다. 나는 오랫동안 그와 같이 되기를 바랐다. 세상을 완전히 잊어버리고 하나님께 영광 돌리는 일에만 내 자신이 파묻혀 버리도록!"

마틴은 인도 선교사로서 성경을 인도인과 아시아인들이 읽어볼 수 있도록 힌두어, 페르시아어, 아랍어 등으로 번역하였다. 그는 고생스런 여행과 고열에 시달리다가 아르메니아 토캇에서 죽어 그곳에 묻혔다. 그가 인도에 도착하던 첫날 그는 일기에다 이렇게 썼다. "이제 나는 인도를 위해 내 자신을 불태워 버리겠다." 그는 정말 그렇게 했다.

아도니람 저드슨 Adoniram Judson 1788-1850

아도니람 저드슨 부부와 다른 6명의 선교사들은 1812년 6월 중순 인도의 캘커타에 도착했다. 이들은 미국 최초의 해외선교사라는 영예를 안았다. 이들 미국 선교사들 역시 다른 선교사들과 마찬가지로 동인도회사의 방해 공작으로 인도를 떠나도록 명령을 받았다. 이에 대한 항의와 타협을 하는 동안 저드슨 부부는 말레이 반도의 페낭에 가서 선교하려 했으나 배를 구할 수 없어서 미얀마로 가게 되었다. 동인도회사에 의해 저드슨 부부가 인도에서부터 쫓겨나 복음에 가장 적대적이었던 미얀마로 가게 된 것은 결국 하나님의 섭리였다. 그들이 미얀마에 첫 선교사는 아니었지만 그 당시 미얀마에 있는 유일한 개신교 선교사로서 활동을 하게 되었다. 그들은 랭군에다 커다란 집을 장만하여 침례교 선교본부로 삼고 그 속에 틀어박혀 날마다 12시간씩 어려운 미얀마 말을 배우기 시작했다.

저드슨은 1788년 매사추세츠에서 회중교회 목사의 아들로 태어났다. 그는 겨우 16세에 브라운 대학교에 입학해 4년 과정을 3년 만에 수석으로 졸업해 졸업생 대표로 고별사를 했다. 그는 자연신론에 심취한 제이콥 에임즈라는 친구와 가깝게 지내면서 영향을 받았다. 그는 부모에게 그들의 하나님은 자기의 하나님이 아니며 성경이나 그리스도의 신성을 믿지 않는다고 폭탄선언을 하고 뉴욕으로 갔다. 뉴욕에서 몇 주일 방랑생활을 했으나 다시 낙담하고 좌절한 채 돌아가는 중 밤에 어느 여관에 머문다. 밤새도록 옆방에서 죽어 가는 한 환자의 신음소리와 헐떡이는 숨소리를 들으면서 아침을 맞았는데 죽은 사람이 바로 자기의 친한 대학친구 제이콥이란 사실을 알고 너무나 큰 충격을 받는다. 돌아오는 길, 갑자기 자기 아버지의 하나님이 진실이라는 느낌이 들었다. 그는 몇몇 그리스도인 사상가들과 오랜 시간을 보내면서 결국 그는 정신과 마음 속에 성경은 참되다는 사실을 확신하게 되었다. 1808년 12월 어느 날 -그가 결코 잊지 못하는 날- 그는 자신을 전적으로 하나님께 드렸다. 헌신을 서약한 후 그는 영국 선교사로부터 온 선교사역보고서를 읽고 커다란 감동을 받아 미국 최초의 해외 선교사가 되리라고 결심하였다.

미얀마라는 토양은 기독교를 성장시켜 나가는 데 부적합한 토양 같았다. 모든 복음의 씨앗은 뿌리도 내리기 전에 뽑혀버렸다. 조금 성장할 만하면 정부의 단호한 제재 조치로 시들곤 했다. 그는 선교기지에 사람들을 초청하는 대신 원두막 같은 미얀마 특유의 자야트를 만들고 사람들과 쉽게 어울리자 그것을 만든 지 한 달 만에 한 사람이 결신하고 예배에 참석했다. 약 8년 만에 10명의 사람이 침례를 받았다. 정부 다음으로 선교사역에 장애를 주는 것은 열대성 열병이었다. 이들은 이 병에 자주 걸려 죽을 뻔했다. 그는 정부의 박해와 투옥으로 건강을 잃어버렸으나 미얀마 성경을 완성하는, 보다 큰 사명이 남아 있음을 깨달았다. 성경번역에 몰두하여 1년 만에 신약성경을 번역하였고 1850년 그가 죽던 해, 그는 최초로 미얀마어로 된 성경을 완성했으며 최초의 미얀마 영어 사전도 거의 끝나고 있었다.

아치볼드 C. 테이트 Archibald C. Tait 1811-1882

영국 성공회 성직자. 1868년 캔터베리 대감독직에 오른 그는 강력한 리더십을 발휘하여 자신의 교구를 영국 교회 내에서 선도적인 위치로 회복시켜 놓았다. 종파 간의 화해를 주장하고 분열을 일으킬 만한 쟁점들을 피해 복음주의자들과 고교회주의자들 모두에게서 배척을 당하기도했으나, 왕명을 받아 예배 의식을 개정하고 성공회 교회의 대변인 역할을 하는 등 정치력 면에서는 큰 힘을 발휘한 것으로 평가받는다.

로버트 머레이 맥체인 Robert Murray McCheyne 1813-1843

로버트 머레이 맥체인은 스코틀랜드의 목사로서 1835년부터 1843년까지 스코틀랜드교회를 섬겼다. 그는 에든버러에서 태어나 에든버러대학과 Divinity Hall에서 교육받았다. 그는 1835년부터 1838년까지는 팔커크 부근에 있는 라벌트 교구와 두니파치 교구에서 존 버너 John Bonar 목사의 조수로 섬겼다. 그 후로는 던디의 성 베드로교회의 목사로 일하다 29세에 발진티푸스로 요절했다.

그가 죽은 후 얼마 지나지 않아 그의 친구인 앤드루 보나는 맥체인의 전기를 편집하여 맥체인의 원고들과 함께 『로버트 맥체인 회고록 The Memoir and Remains of the Rev. Robert Murray M'Cheyne』이라는 제목으로 출판하였다. 이 책은 여러 번 재판되었으며, 세계적으로 개신교에 많은 영향을 남겼다.

1839년 맥체인과 앤드루 보나는 알렉산더 블랙 목사

및 알랙산더 케이쓰 목사와 함께 유대인의 상황을 조사하는 목적으로 팔레스타인 지방으로 파견된다. 그들의 귀환 후 스코틀랜드 교회의 선교위원회에 제출한 보고서는 'Narrative of a Visit to the Holy Land and Mission of Inquiry to the Jews'라는 제목으로 출판되었다. 이 보고서는 스코틀랜드교회와 스코틀랜드자유교회 Free Church of Scotland에서 유대교에 대한 전도 사업을 수립하는 데 큰 영향을 끼쳤다.

맥체인은 시인이기도 했으며, 많은 저서를 남겼다. 그는 신앙심이 깊은 사람이었으며 기도의 사람이었다는 평가를 받았다. 결혼은 하지 않았다.

맥체인은 1843년 스코틀랜드 교회 분열이 일어나기 두 달 전에 사망했다. 때문에 그는 스코틀랜드 장로교의 다양한 교파에서 존경받고 있으나 그는 교회 분열의 원인이 된 에라스투스설에 대해 강한 반대 의견을 가지고 있었다.

Power through Prayer